运动改造孩子的大脑

孙卫星 著

天津出版传媒集团

天津科学技术出版社

图书在版编目（CIP）数据

运动改造孩子的大脑 / 孙卫星著 . -- 天津：天津科学技术出版社，2023.9
　ISBN 978-7-5742-1532-0

　Ⅰ . ①运… Ⅱ . ①孙… Ⅲ . ①儿童 - 运动生理学 Ⅳ . ① G804.2

　中国版本图书馆 CIP 数据核字（2023）158063 号

运动改造孩子的大脑
YUNDONG GAIZAO HAIZI DE DANAO

策划编辑：	杨　譞
责任编辑：	马　悦
责任印制：	兰　毅
出　　版：	天津出版传媒集团 天津科学技术出版社
地　　址：	天津市西康路 35 号
邮　　编：	300051
电　　话：	（022）23332490
网　　址：	www.tjkjcbs.com.cn
发　　行：	新华书店经销
印　　刷：	河北松源印刷有限公司

开本 720×1 000　1/16　印张 12　字数 100 000
2023 年 9 月第 1 版第 1 次印刷
定价：38.00 元

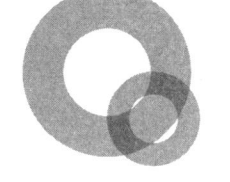

前言
PREFACE

美国神经精神医学领域专家约翰·瑞迪说:"运动最大的魅力,就在于它能让大脑处于最佳状态。"强身健体只是运动的基础作用,运动最关键的作用是健脑。虽然智商主要受遗传因素影响,但大脑具有很强的可塑性。体育运动不仅可以增加孩子的脑容量,还能优化其大脑的功能和结构。

诸多神经科学实验发现,运动可以促进脑源性神经营养因子的分泌。脑源性神经营养因子简称BDNF,它是一种大脑合成的蛋白质,可以促进大脑突触形成新的连接,修复坏的脑细胞,对神经元的再生也必不可少。简单地说,它就是大脑的养料,有了它,大脑就会茁壮生长。

2013年,位于芬兰东部的东芬兰大学,跟踪了一些小学入学时运动能力较强的孩子,在之后的三年里发现,这些孩子的阅读和数学能力明显优于其他孩子。密歇根大学也有研究发现,孩子参与的有氧运动量,和他们的数学、语文成绩成正比例关系。

事实证明，经常参加体育锻炼的孩子，在课堂上更能保持专注力，同时拥有较强的推理、思考解决问题的能力，学习成绩自然更好。运动不仅能提高孩子的学习力，还能帮孩子赶走不良情绪。从心理学上来讲，运动之所以对人的情绪具有良好的调节功能，是因为运动可以促进人体分泌出多巴胺、内啡肽、去甲肾上腺素等物质，在这些物质的刺激下，孩子的身心都能处于轻松愉悦的状态。

而且，孩子的许多负面情绪能通过运动的方式宣泄出去。尤其是户外运动，不仅能把孩子的注意力从不良情绪中转移出来，缓解神经紧张、失眠、烦躁及忧郁等症状，还能放松身心，促进孩子的心理健康。

运动后，焦虑、抑郁的程度有所减轻，而愉快程度明显升高，这种现象被称为体育运动的短期情绪效应。长期坚持运动，能将这种短期效应转变为长期效应，让孩子成长为一个阳光、乐观的人。

所以，父母要抓住孩子成长的关键期，培养孩子的运动能力。0～3岁、3～6岁、6～9岁是大脑发育的三个黄金期，父母可以有针对性地给孩子制订运动计划，帮助孩子养成运动的好习惯。而且，不同的运动素质都对应着特定的"运动敏感期"，比如，柔韧度敏感期是5～9岁，这是进行体操、游泳、舞蹈等训练，发展柔韧素质的最佳时机。在运动敏感期，定向培养孩子的运动能力，可以起到事半功倍的效果。

有调查显示，每天锻炼能保证1小时的小学生不足30%。运动量不足导致连年近视率攀升、肥胖、免疫力低下等各种危害。

那么，如何帮孩子制订有效的运动计划？最好的方式是根据不同孩子的特点，有针对性地制订不同的计划。体重超标的孩子需要选择健步、爬楼梯、游泳等运动，来增加能量消耗，减少脂肪，降低体重；瘦小体弱的孩子需要从慢跑、打太极等强度较小的运动开始，逐步增强体能、体质；精力旺盛的孩子需要增加运动量，消耗掉多余的精力，锻炼体力与脑力。

随着中考新政的改革，体育分值增加，体育运动已经越来越受重视。父母都在努力想办法让孩子爱上运动，方法也不少。从不要强迫孩子做不喜欢的运动，到把运动游戏化，再到利用"多巴胺控制法"的原理，都能激发孩子的运动兴趣。《运动改造孩子的大脑》是一本融合了前沿科研成果与经典案例的参考工具书，理论性强，实用性更强。为孩子如何选择运动、如何制订运动计划以及预防运动伤害提供了各种详细的思路，可供参考。不仅能帮父母快速了解相关的运动知识原理，调整孩子的运动时间，还能为各类孩子提供有效的运动指导。柏拉图曾说："身体教育和知识教育之间必须保持平衡。体育应造就体格健壮的勇士，并且使健全的精神寓于健全的体格。"科学平衡孩子的学习时间和运动时间，就能带孩子走进运动健脑的新世界。

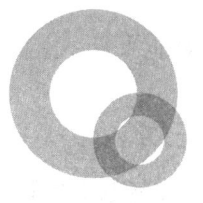

目 录

CONTENTS

第一章
运动重塑大脑创造奇迹

世界冠军+斯坦福学霸的谷爱凌——四肢发达头脑不简单..........1

13岁才知道大脑缺一块——幼儿大脑具有极强的可塑性..........5

一堂体育课创造的奇迹——运动是刺激大脑最好的方式..........8

从多动症到游泳奇才——运动有助于ADHD的改善..........11

篮球改变了一个自闭症男孩的命运——运动有助于改善自闭症..14

王亚平:中国首位出舱女航天员

　　——人生拼到最后,拼的都是体力..........18

第二章
运动改变大脑的方式

长期运动孩子的大脑和不运动孩子的大脑..........21

运动促进神经元再生,让大脑长大..........23

久坐伤脑,运动让大脑更有活力..........25

BDNF,运动让脑细胞肥料增多..........27

运动能平衡大脑 29

第三章
运动提升孩子的学习力

运动提升孩子学习的专注力 32
运动增强孩子的记忆力 35
运动让孩子更有创造力 37
运动让孩子的思维更敏捷 40

第四章
运动赶走孩子的坏情绪

运动,让孩子摆脱焦虑 44
内卷时代,运动帮孩子释放压力 47
运动让孩子远离抑郁 50
运动,让孩子自上而下充满自信 55
运动,提升孩子在逆境中的心理韧性 58

第五章
抓住关键期,培养孩子的运动能力

运动锻炼大脑的三个黄金时期 61
儿童运动发展里程碑,你的孩子达标了吗 66
有氧运动,给大脑提供更多氧气 72

培养运动平衡能力，刺激脑细胞连接.................................75

加强手指运动，刺激大脑的广大区域.................................78

有益大脑的长跑，重要的不是速度而是尽力.........................83

有氧运动和技巧运动相结合才完美.....................................86

在孩子运动的"敏感期"，给大脑不同的刺激.......................88

团体运动和个体运动，怎么选...92

第六章
改造孩子大脑的运动计划

为学业重的孩子制订运动计划...96

为精力旺盛的孩子制订运动计划...99

为体重超标的孩子制订运动计划.......................................102

为瘦小体弱的孩子制订运动计划.......................................108

为多动症孩子制订运动计划...112

为自闭症孩子制订运动计划...114

为不同年龄段的中小学生制订运动计划.............................118

为不同性格弱点的孩子制订运动计划.................................122

为不同体质的孩子制订运动计划.......................................125

第七章
如何让孩子爱上并坚持运动

长期坚持运动，才能改造大脑...129

循序渐进，让不爱运动的孩子爱上运动 133

游戏化运动，孩子都喜欢 136

不强迫孩子做不喜欢的运动，父母以身作则 140

让孩子把一项运动变成习惯到底需要多久 142

多巴胺控制法帮孩子养成运动的好习惯 146

第八章
教孩子有效预防运动伤害

越不运动的孩子越容易受伤 150

运动过度危害孩子健康 153

预防运动伤害的关键：热身 156

教孩子避免常见运动项目中的伤害 162

危险系数高的运动，如何正确预防损伤 167

运动损伤的急救常识，你知道多少 172

运动后记住"五不"，预防伤害 177

第一章 运动重塑大脑 创造奇迹

世界冠军 + 斯坦福学霸的谷爱凌
——四肢发达头脑不简单

那些腿长胳膊长、身材健硕的体育特长生,常被取笑"头脑简单,四肢发达"。很多人认为只有脑袋不够聪明的人,才会选择靠体育上大学,事实可能颠覆人们的认知。

"天才少女"谷爱凌

2022年北京冬奥会,谷爱凌以2金1银的成绩,成为本届冬奥会上获得奖牌最多的中国代表团选手。在北京冬奥会前,她曾在37天内狂揽6金2银1铜。

谷爱凌从3岁开始接触滑雪,9岁参加美国自由式滑雪少年组比赛,13岁开始向成年组发起进攻,到18岁就揽下了60多枚金牌。

在体育竞技赛场上如此炫目,在普通人的认知里,谷爱凌的学业肯定平平,但出乎所有人的意料。谷爱凌不仅金牌拿到手软,还是妥妥的学霸一枚。

谷爱凌就读于被誉为"中国人大附中"的美国著名高中，她是高级别的比赛中，唯一一个全职高中生。为了备战冬奥会，她把三年的学业压缩到两年完成。结果是，高考SAT谷爱凌考出了令人羡慕的1580分的高分，满分1600分，收到了世界顶尖名校斯坦福大学的录取通知书。谷爱凌被称为"天才少女"，但她却不这样认为，只有她知道在自己的光环背后，其实是数不清的努力、坚持以及热爱。谷爱凌暑假在中国度过，她给自己制定目标每天锻炼4小时，没人要求她。

谷爱凌不仅是职业滑雪运动员，她还擅长长跑、篮球、冲浪、骑马、射箭、攀岩、体操等也玩得不错。在《我承认，我爱上了恐惧》一文中，谷爱凌写道："无论孤身一人还是面向整个世界，我都专注于感恩当下、判断当下，并享受体育带给我的快乐。"

花滑王者羽生结弦

有人可能会认为，谷爱凌成为世界冠军和超级学霸，那是基因好，因为她的妈妈是北大高才生，斯坦福毕业，爸爸哈佛毕业。

那么，我们再来看看圈粉无数的日本花样滑冰男子羽生结弦，他的父母都是普通人，而且他小时候身体羸弱，患有哮喘，学习专注力差，成绩一般。父母原本是想让他学习滑冰来强身健体，没想到他在花滑的世界里一骑绝尘，19次打破世界纪录。

在花滑上取得傲人的成绩后，羽生结弦的学习成绩也有了巨大的改观，他通过一般入学考试，而非体育特招，成为早稻田大学的高才生。

奥运赛场上藏着更多学霸

奥运赛场上，藏的学霸绝对不是一个两个。比如，中国女子篮球队中当之无愧的"大姐大"邵婷，北京师范大学毕业后保研，博士在读。挑战百米极限的"亚洲飞人"苏炳添，被聘任为暨南大学体育学院副教授。在东京奥运会 200 米混合泳中拿下首金的汪顺，毕业于上海交通大学。还有 2016 年获得巴西里约热内卢奥运会跆拳道男子 58 公斤级冠军的赵帅，正在攻读西南大学博士。东京奥运会中国代表团首金获得者杨倩，是清华大学经济管理学院的学生。

研究发现运动员的智力比一般人高

日本筑波大学教授松田岩男，在著作《运动心理学》一书中，回答了关于"运动员的智力是否比一般人更弱"这个问题。松田岩男认为，回答这个问题的最直接的方法是对运动员进行智力测验。

结合历年来的研究，松田岩男发现，如果被试对象的年龄越小，或者运动越复杂，又或者小肌肉群运动比大肌肉群运动多，那么运动和智商的相关度就越高。

国内对于运动员的智力研究成果也不少。比如，中国科学院研究所高峡博士和同事，对普通人的智力和运动员的智力谁更强的问题研究了三年，期间对 12 名跳水健将进行了大脑分析，结果发现，跳水运动员的双侧丘脑以及左侧运动前区的灰质密度，明显比普通人高。

比如，有研究人员针对体育院系学习足球、篮球、排球的学生和普通大学的学生进行了对比，结果发现体育院系的学生智商普遍高于一般文理科大学的学生。尤其是他们的观察力、空间感受力，以及视动协调能力都更加强大。

再比如，有研究人员在一次对省队和国家队的羽毛球运动员的研究中发现，比赛名次好的羽毛球运动员比名次差的运动员智商高。

另外，还有研究人员统计过关于高考状元的信息，发现2016年的63名高考状元，有34位非常热爱运动。2017年的42名高考状元，有24人非常热爱运动。

霍华德·加德纳提出运动智力的概念

我们知道，智力是人们认识客观事物，并运用知识解决实际问题的能力，但它并不是一种单一的能力，而是各种能力的综合。

1983年，美国著名心理发展学家霍华德·加德纳提出了多元智能理论。他认为，传统学校强调的数学逻辑思维和语文的读写能力，并不是智力的全部。他把智力分为8种，其中一种就是运动智力。

加德纳认为，运动智力包括支配肢体完成高难度动作的能力，如打篮球、跳舞等。尤其是在赛场上叱咤风云的运动员，需要的不仅仅是良好的身体和运动技术，更需要精明的大脑做指挥。

比如，自由式滑雪，除了要精准把握滑行的速度、节奏，还要掌握空翻、舞蹈等不同的技能，以完成雪上飞行、跳跃和翻腾的动作。可以说，自由式滑雪就是在雪上进行的空中杂技表演。参赛者需要全神贯注展现各种惊险特技，如果没有大脑发出精准指令，怎么能把一系列动作完成得漂亮，乃至在高手云集的赛事中脱颖而出？

即便是普通人在感知和掌握肢体的简单动作时，也需要大脑密切配合。这种能力叫作"本体感知"，是大脑和身体进行信息交流后的结果。其背后是一套复杂的神经传导机制，大脑需要先接受肌肉和神经传来的信号，掌握当下的运动状态，同时接通各个感觉通道准确判断外界情况，并下达正确的动作指令，同时预测动作可能造成的后果，随时应对各种意外。

这就像简单的游戏，普通人就能通关。而高难度的游戏，要想通关就需要更强大的大脑。所以，不要小瞧运动智力，那也是智力内容中的一块。

研究表明，运动不仅能强身健体，更能促进大脑的开发，以至于有专家称："如果能把运动装到药丸里面去，那么它将会是效果最好、使用最广泛的药物。"哈佛大学医学院教授约翰·瑞迪，在经过多年的跟踪调查后得出结论：运动的更重要意义在于健脑。

13岁才知道大脑缺一块
——幼儿大脑具有极强的可塑性

大脑的"可塑性"是现代科学的重大发现之一，年龄越小，大脑的可塑性越强。

丹尼尔的大脑消失了一块

国际权威医学杂志《柳叶刀·神经病学》公布了一个罕见的病例研究。已经23岁的丹尼尔·卡尔过着与常人一般的生活，可他13岁时才知道自己的大脑少了一部分。

在一场棒球赛上，丹尼尔的教练注意到丹尼尔总是习惯用左手掷球。母亲凯莉也表示丹尼尔用右手做事时确实比较笨拙，而且丹尼尔一直都是左撇子，甚至刚走路时也总是向左倾斜。

为了检查儿子的身体状况，凯莉带着丹尼尔多次就医，最后发现丹尼尔的大脑结构有一部分缺失，有大约四分之一的大脑皮质不见了。

幸好，在丹尼尔大脑中的坏死组织形成的空隙里充满了脑脊液，脑脊液不仅能起到缓冲保护大脑的作用，还能将营养物质输送到组织中，清除代谢废物。这使得丹尼尔大脑中的神经元在损伤后仍然能建立连接。

丹尼尔的治疗团队称："这个病例凸显了大脑重塑的非凡潜力，尤其是在生命早期。"

任教于美国斯坦福大学的神经科学家大卫·伊格曼认为，在7岁左右进行大脑半球切除术，对孩子的认知能力影响不大。即使缺失了一半大脑结构，整个大脑系统仍能正常地发挥功能。

什么是大脑可塑性

大脑可塑性，也被称为神经可塑性，是指大脑根据内外部环境的变化而不断变化的能力，可以理解为大脑的延展性。

人的大脑犹如一张巨大、复杂的网络，由神经元通过"突触"将各种信息信号传递到大脑，再由大脑传输到身体各个部位。"神经心理学与神经网络之父"唐纳德·赫布认为，神经元之间的活动具有可塑性，神经元通过学习、工作建立关联。有的神经元退化，就是因为缺少关联，有的神经元强化，则是因为关联不断增多，这就是神经系统可塑性的基石。

直到1960年，科研人员都认为大脑的变化只会发生在婴幼儿阶段，在成年早期，大脑的物理结构几乎定型。但越来越多的研究发现，大脑可连续生成各种新的神经元，并刺激现有的细胞做出改变以适应新的环境，接受新的信息，产生新的记忆。

年龄越小，大脑的可塑性越大

科学家指出，0~6岁是大脑发育最关键的时期。这个阶段，大脑发育的速度最快，其变化主要体现在两个方面。

第一，是大脑重量的变化。从胎儿时期，孩子的大脑就开始发育了，刚出生的婴儿，大脑重量约为390克。4岁时，孩子大脑可重达1250克左右，约为成人脑重的90%。大脑重量的大量增加，证明孩子的大脑正处在快速发育的黄金期。

第二，是神经元之间连接速度的变化。许多关于脑科学的研究表明，孩子一出生时，大脑已有约1000亿个相互独立的神经元，在受到外界信息刺激之后，每根神经元上都会长出许多如树枝状的"树突"。树突之间通过末端而互相连接，这个过程叫"突触演变"，以便大脑更好地应付、处理各种环境变化。突触越多，连接形成的大脑神经网络越密集，大脑功能就越强。

日本幼儿教育家七田真说："婴儿大脑活动时出现的生理上的适应能力，有其神秘之处：越是接近零岁，这种能力越是极大增长，而这种机能随着年龄的增长会很快消失。"哈佛大学儿童发展研究中心的研究数据显示，0～2岁正常孩子的大脑每秒能建立700个神经元连接。也就是说，年龄越小，大脑的可塑性越强。

早期的四种刺激让大脑更聪明

父母可能担心过早地教育孩子，损害孩子的脑细胞。其实，大量试验证明，在孩子年幼时受到有效的环境刺激，能大大提升孩子的智力水平。尤其是以下四种刺激。

视觉刺激

不同颜色、轮廓、亮度的视图，能刺激孩子的视觉，促进大脑发育。因此，父母可以准备一些带有不同形状的黑白卡片，或是颜色丰富的衣物，或是内容丰富的早教卡片等，供孩子随意拿取观察。

由于孩子对反复观察的东西会有深刻的记忆，产生视觉疲劳，因此，父母需要经常补充新元素，巩固刺激效果。

听觉刺激

通常，孩子从出生起就会对声音有定向选择性。多样的动物叫声、优美的音乐旋律、风雨声等，都有助于提高孩子的听力水平，刺激大脑发育。在0～3岁时，父母要让孩子多听一听柔美欢快的声音，远离噪声。

感官刺激

综合性的感官刺激，如光刺激、温度刺激、声刺激等，更能促进孩子的大脑发育。父母需要让孩子多接触户外运动、积木、不倒翁、皮球等新事物，让孩子得到丰富的感官刺激。

游戏刺激

让孩子每天玩益智游戏，智力水平更高。因此，父母可以借助各类游戏，帮助孩子大脑的发育。弹跳类游戏、平衡类游戏、手部游戏等，都能很好地锻炼孩子的记忆力、专注力和想象力等。

一堂体育课创造的奇迹
——运动是刺激大脑最好的方式

运动能激发出孩子的潜力，但能创造奇迹吗？国际神经精神医学领域专家、哈佛大学医学院临床副教授约翰·瑞迪博士（John Ratey）在《运动改造大脑》一书中，就讲述了一堂创造出奇迹的体育课。

"零点体育课"

在美国芝加哥的内伯维尔重要高中校区，推行了一个著名的教育实验项目——"零点体育课"。体育老师邓肯让他的学生每天早晨上课前跑满 1600 米。

当然,"零点体育课"中还有更多运动项目让学生自由选择,如篮球、皮划艇、攀岩等,感受快乐运动。

结果,这节被安排在文化课之前的体育课创造了奇迹。它不但让内伯维尔 203 学区的 1.9 万名学生成了全美国最健康的学生,而且还让他们成了最聪明的学生。不仅仅是阅读能力,理解能力的成绩比以往提高了 17% 左右,更是在 ACT 综合考("美国高考"),以及水平更高的 TIMSS 项目测试中,取得了优异的成绩。

这个实验的结果说明,零点体育课的教育模式给孩子的大脑带来了独一无二的刺激,大大增强了孩子的学习能力。

"办一所会跑的学校"

焦晓骏是苏州园区星澜学校的校长,2018 年,他参与到星澜学校的筹建工程中。这所学校的地段和生源都不是很好,焦晓骏决定,将星澜学校打造为一个"智慧孵化器",践行"以脑为导向的教学"的模式。

焦晓骏的办学理念受到了美国运动脑科学专家约翰·瑞迪的启迪,约翰认为"运动能力越好,大脑越有复原力"。

星澜学校旁的青剑湖周围,铺设了一条长达 4200 米的健步道,这是得天独厚的运动环境。在家长会上,焦晓骏称"跑步对增强体质、改造大脑、释放压力有着特别重要的功能",号召全校师生、家长一起参与到"青剑湖马拉松计划"中。

每天下午 4 点,星澜学子们都在操场上自由地活动。学生的身体越来越健康,成绩也逐步提升了。焦晓骏希望学生们能有"更多睡眠、更多阅读、更多运动"。

焦晓骏的小女儿就是这种新教学模式的受益人之一。她没有参加过任何培训班，靠着每天充足的睡眠、适当的运动，她成功考上了日本早稻田大学的化学工程专业。

体育运动增进学生智力

美国教育心理学家阿瑟·詹森教授的学生里，参加女子越野滑雪队的学生的考试成绩总能名列前茅。詹森教授猜测，体育运动与智力之间是否存在某种被人忽略的重要联系。

于是，詹森教授的团队召集了259名三年级、五年级的学生，记录他们的体重指数，并让他们每天坚持完成快跑、引体向上和仰卧起坐这三项体育运动。接着，詹森教授对比分析了他们的体能以及他们在全州标准化考试中的数学和阅读成绩。

结果显示，体能较好、身体更健康的孩子，智力水平也更高。这项试验证明，运动确实有助于提高孩子的智力水平。

在另外一项针对学生运动的研究中，德国卡塞尔大学的汉斯·希尔曼教授发现，运动使孩子的大脑额叶体积增大，从而强化了与学习相关的大脑功能，如逻辑思维、执行能力、理解能力等。可见，运动确实有促进孩子智力发育的作用。

有助于儿童健脑的"高强度间歇训练"

高强度间歇训练，是一种高、低强度运动交替锻炼，中间有休息时间的运动方式。

新西兰的一项研究发现，高强度间歇训练对孩子健脑的效果远比其他运动方式更好。

奥兰克大学的研究人员共招募了305名7～13岁的孩子，他们先让孩子做了 6 项关于学习能力和专业能力的测试。随后，研究人员将孩子随机分成两组，一组进行高强度间歇训练，另一组只需参加一些强度适中的趣味运动。所有的孩子都是每天早晨运动 10 分钟。

六周后，研究人员再次对孩子们的学习能力和专业能力进行了测试。结果显示，所有孩子第二次测试的得分明显高于第一次。而且，进行高强度间歇训练的孩子，进步远超另外一组的孩子。

研究人员称，高强度间歇训练比适度运动更能提升孩子的认知水平，尤其适用于心脏健康不稳定或有遗传性智力问题的孩子。

原地垂直跳、高强度高抬腿、开合跳、箭步蹲、俯卧原地登山……都属于适合孩子的高强度间歇训练。

从多动症到游泳奇才
——运动有助于 ADHD 的改善

多动症（ADHD），又称注意力缺陷障碍，多发生于儿童时期。患有多动症的孩子，大多智力正常，但在行为、情绪、学习等方面存在一些缺陷，如注意力涣散，情绪冲动，活动过度等，让父母与老师十分困扰。

文艺复兴三杰之一达·芬奇、法国生物学家巴斯德、美国商界巨子彭尼·詹姆斯·卡什、篮球明星迈克尔·乔丹、政治领袖丘吉尔等赫赫有名的人物，小时候都是多动症儿童。孩子患有多动症，只要及时干预治疗，也能创造出辉煌的人生。

游泳奇才迈克尔·菲尔普斯

2008 年的北京奥运会上，游泳奇才迈克尔·菲尔普斯打破了 7

项世界纪录，一人独揽 8 枚金牌，震惊世界。如此耀眼的成绩背后，却有着一段无比艰辛的故事。

5 岁的菲尔普斯被诊断出患有多动症，上课时身体总是动来动去，无法专心听课。老师对此评价道："菲尔普斯永远无法专注于任何事情！"还建议他的父母将他带回家治疗。同时，菲尔普斯又因为耳大臂长，常常被同学们嘲笑。

不忍儿子遭受诸多非议，母亲黛比抱着治好多动症的想法，开始教他学习游泳。从仰泳、自由泳到蛙泳，菲尔普斯几乎学会了所有的游泳项目。他被人嘲笑的长手臂，成了他征服泳池的利器。渐渐地，菲尔普斯喜欢上了游泳，并在其中找回了自信。

11 岁时，菲尔普斯拥有了他的专业私人教练，每天早上 5 点起床训练，一日不落。整整 7 年的时间里，他只有 5 天没有下水游泳。经历了常人难以负荷的"魔鬼训练"后，多动症儿童菲尔普斯终于蜕变为游泳奇才，多次登上了世界冠军的宝座。

运动可有效改善多动症

一项发表在《精神病学研究杂志》上的统计研究表明，运动是增强注意力、改善 ADHD 症状最有效的自然疗法。研究人员在分析 1980—2017 年间的 18 项研究时，总结出了四类非药物干预措施——神经反馈、认知行为疗法、认知训练和体育运动。

研究人员分别用这四种手段干预治疗 4～50 岁年龄不等的多动症患者，并让他们参与了注意力、工作记忆、心理灵活性、计划和推理这五项认知测试。

结果显示，体育运动缓解 ADHD 病症的作用最显著。尤其是针对执行功能的有氧运动，如球类、武术，是治疗 ADHD 的首选运动形式。

运动改善多动症的原理

首先,运动能改善神经递质水平。生物学上,多动症被认为是孩子的脑神经递质水平失调引起的。孩子运动时,大脑内释放出的神经递质增多,如多巴胺、去甲肾上腺素等,脑内神经递质水平得以上升,减轻 ADHD 的症状。这与治疗 ADHD 的药物提升脑内递质水平的原理相似。

其次,运动可以增加脑部供血。医学研究证明,孩子大脑前额皮质的血流增加有利于提高认知能力。运动可以加快血液循环和流动,增加脑部血液供应,进而达到增强多动症儿童认知能力、刺激小脑发育的目的。

另外,运动能舒缓 ADHD 儿童的压力情绪。临床上认为,应激敏感性(人对于痛苦、逆境、应急事件的反应水平)高的人,更容易出现心理问题或生理问题。而多动症孩子的应急敏感性就较高,所以他们比较冲动,容易出现攻击性行为。"放松训练"是调节多动症孩子心理问题的重要策略之一,让他们锻炼自己喜爱的运动,就是很好的"放松训练"方式。

研究发现,经常运动的多动症孩子很少出现一些破坏性的行为,如骂人、打人、缺乏社交礼仪等。

多动症儿童存在运动量不足

虽然多动症儿童好动,动作多,看似是在不停地活动,但实际上他们进行的体育运动量非常少。

布朗大学的一项研究表示,6~17 岁的多动症儿童与同龄的正常孩子相比,参与体育运动的可能更小。据美国儿科学会的研究显示，有14.3%的多动症儿童每周的运动天数为0。因此，将体育运动正式纳入ADHD治疗计划是重中之重。

多动症儿童需要哪些运动

有氧运动和自然环境都有利于多动症孩子的治疗。即使是在公园里散步20分钟，也能帮助多动症孩子更好地集中注意力。而骑自行车、踢球、慢跑、羽毛球等有氧运动的效果也非常好。

游泳是多动症孩子首选的康复运动，不仅能充分消耗孩子过剩的精力，还能促进孩子的综合协调能力发育。多动症的孩子往往需要较长的一段时间学习游泳，才能做到四肢与心肺、呼吸的协调。

除了为多动症孩子寻求药物治疗和营养补充剂外，父母也需应用好运动、心理咨询等辅助手段，让孩子健康、快乐地成长。

篮球改变了一个自闭症男孩的命运
——运动有助于改善自闭症

自闭症是一种复杂的广泛性发展障碍，通常在幼龄时期被诊断出来。目前，自闭症的病因还不明确，也还未找到治愈的方法。然而，越来越多的研究表明，运动是一种治疗自闭症的辅助手段，对改善自闭症孩子的症状、行为极为有效。

杰森的篮球路

曾力压"篮球之神"乔丹，获得2006年度ESPY大奖的杰森，身高只有1米68，却在短短4分钟内，投中了6个三分球和1个两分球，为球队赢回了20分。事实上，在赛场上大放异彩的杰森，不仅个子矮小，而且患有严重的心理疾病。3岁时，杰森被确诊为重度自闭症。妈妈黛比积极带着杰森做干预治疗，哥哥乔什经常带他去保龄球馆、高尔夫球场、篮球场玩。杰森很快就爱上了打篮球，篮球就像一抹光，照亮了他走出黯淡世界的道路。

上高中后，杰森在妈妈的帮助下，成为篮球队的学生经理。从此，他每天会拍摄至少 500 张球队练习的照片，跟着模仿练习投篮。终于，经过四年坚持不懈的努力，杰森在希腊雅典娜高中主场的最后一场篮球赛上场了，博得了满场喝彩。

运动能在一定程度上缓解自闭症

据日本 NHK 电视台报道，东京大学科研人员在让患有"自闭症频谱障碍"相似症状的小白鼠做运动后，发现其症状得到了改善。自闭症频谱障碍的成因之一是脑部神经细胞之间的突触不全，其症状通常表现为社交障碍、行为学习能力弱。

日本东京大学的小山隆太教授带领的研究小组，让患有自闭症症状的小白鼠借助器材进行运动。一个月后，他们将其与没做运动的小白鼠做比较，发现其症状已有所改善。

科研小组扫描小白鼠大脑后，发现其脑内免疫细胞清除低活性神经突触的机制已经正常化。小山隆太教授说："实验证明，运动可能对改善自闭症症状有效，希望将来能够开发出新的治疗方法。"

运动促进社交能力的发展

运动之所以能改善自闭症孩子的社交能力，是因为无论是个体运动，还是集体运动，自闭症孩子社交的机会都会大大增加。而且，为了更好地运动，孩子与教练、队员的交流、合作都不可避免。

2014 年，美国特拉华大学运动科学系巴特教授发起了一项研究，对比了传统的 ABA 治疗与两个月的音乐和运动干预在治疗自闭症上的效果。

在研究中，4个7～13岁的自闭症孩子，每天有1小时演奏乐器、跳舞的时间。另一组12个自闭症儿童则是参加传统的ABA康复课。

研究结果显示，音乐和运动干预组的孩子，在实验结束时，他们有了更多的说话和眼神交流。

运动能帮助自闭症孩子稳定情绪

自闭症的孩子容易陷入执拗、恐惧、焦虑、抑郁等情绪怪圈中，出现身体抽动、自伤行为、破坏性攻击等现象。这是因为他们受情绪控制，难以控制自己的行为。

自闭症孩子在运动中展现自己，能收获到各种积极的反馈，如快感、赞赏、奖励。积极的反馈可以有效地遏制不良情绪和行为，让自闭症孩子的情绪稳定下来。

不同的运动可以缓解自闭症孩子的不同症状

有氧运动能减少自闭症儿童的自我刺激行为

自闭症孩子常有一些异常行为，如不停地抠手、吸吮指甲、长时间盯着某个物体看、自言自语等，被称为自我刺激行为。

2013年的一个研究发现，自闭症孩子练习了一段时间的中国内养功后，自控能力变强了。另有研究显示，孩子游泳60分钟后，自我刺激行为明显减少。专家对此解释道，这可能是因为有氧运动本身涉及多种重复性动作，已经满足了孩子的自我刺激。

球类运动能增强自闭症儿童的注意力

注意力难以集中或过度集中，是自闭症儿童的常见症状。而球类运动始终需要一定的专注力，对提高注意力最有帮助。

平衡训练能改善自闭症孩子的感统失调

自闭症的孩子普遍存在感统失调的问题，感统失调会影响孩子的控制能力、感受能力和判断能力。前庭平衡训练、固有平衡训练和弹跳训练，能让孩子的左右脑得到均衡的发展，对动手能力差、语言表达迟缓、创造力不足等症状有改善作用。

技能缺陷导致自闭症孩子运动机会少

由于大多数自闭症儿童在运动技能方面存在各种不同的缺陷，所以他们自己常常回避体育运动，这直接导致他们参与运动的机会相对较少。有数据显示，超过80%的自闭症儿童有动作协调困难，如使用剪刀或踢足球。加拿大的健康科学教授梅根·劳埃德说："自闭症的孩子可能会及时学会如何行走、坐立和翻身，但是一旦开始接触社会性的技能，如踢球、接球、跳绳、跑步、跳跃等，他们的技能往往相当滞后。"

此外，也有研究表明，自闭症孩子避开体育运动可能存在其他社会原因。比如，他们不愿与其他团队成员接触，或是担心自己遵守运动规则有困难。

美国马萨诸塞大学运动与健康科学系教授海蒂·斯坦询问过许多自闭症孩子："你曾经觉得运动和锻炼太难学吗？"约有16%的自闭症孩子回答"是"，事实上，他们的运动时间确实明显少于健康的孩子。

鼓励自闭症孩子多运动

自闭症孩子往往存在沟通障碍，那么父母如何引导孩子经常运动呢？

顺应孩子的兴趣

"兴趣是最好的老师"，对自闭症孩子也是如此。当孩子注意到某项运动，表现出一定的兴趣时，父母要顺势引导，教孩子运动的方法。

累计奖励法

如果孩子只是对某项运动感兴趣，父母可能需要提供额外的动力，让孩子坚持下去。建议使用"累计奖励"的方法，让孩子在坚持一天、一周的运动后，获得食物、玩具、用品等奖励。

在运动中结合丰富的运动器械

即使有物质奖励吸引自闭症孩子，但他们还是会逐渐厌倦单一的运动形式。父母可以将玩具、游戏和各种运动器械融合到运动中，增加运动的趣味性，还能获得更好的训练效果。

王亚平：中国首位出舱女航天员
——人生拼到最后，拼的都是体力

拼搏的人生拼到最后，拼的是一个人的体力。保持自律，保持身心健康，孩子才能拥有更好的生活和工作。

女航天员王亚平

2021年11月7日，航天员翟志刚、王亚平、叶光富三人，先后从"天和"核心舱节点舱成功出舱。王亚平成为中国首位执行出舱任务的女航天员，迈出了中国女性舱外太空行走第一步。

王亚平1980年出生于山东省烟台市，她从小不但成绩优异，还有着过人的运动天赋。在国家第七次航空员招生时，她从几万报考的同学中脱颖而出，成为我国第七批37名女飞行员之一，可谓是万里挑一。

然而实现梦想并不简单,即使王亚平以高出录取分数线130多分的优异成绩当选,但成为女飞行员后仍有千难万险需要她克服。在强大的信念支撑下,她每天坚持各种高难度的运动训练和飞行技巧练习。

终于,王亚平凭借过人的体力与飞行能力,顺利通过了一次次的考验与筛选,幸运地成为我国第一批女航天员。

一个人的学习、工作就好像一场超级马拉松,拼的不是谁起步更快,拼的是谁有持久的耐力。如果没有良好的身体素质,今天头疼,明天发热,想正常学习、工作都是不太容易的,更别提拼一番事业了。

缺乏运动,孩子体质差容易生病

孩子的身体素质差,除了基因遗传、营养不良等原因,还可能是因为缺乏运动。调查显示,中国仅有约22%的在校生每天会进行60分钟或以上的体力活动,85.8%的学生每天久坐的时间超过2小时。据推算,每10个学生中只有3个学生在国家体质健康标准中达到"优秀"或"良好"。

随着校外学习活动和室内游玩时间的增加,孩子的运动时间越来越少;可供孩子们随时运动的场地也越来越少。因此,孩子们的运动量严重不足。

原北京体育大学校长杨烨曾说:"现在的青少年个子越来越高,跑得却越来越慢;体重越来越大,力量却越来越小;智力开发越来越多,灵敏素质却越来越弱……"正是因为孩子长期缺乏运动,容易积食,营养吸收不足,身体的免疫力下降,常出现各种健康问题。

不爱运动的孩子容易变胖,胖孩子不爱运动,结果就成了恶性循环，肥胖、肠胃疾病、性早熟、儿童糖尿病、心血管疾病都将接踵而来。据国家卫健委公布的数据显示，6岁以下的孩子超重肥胖率已经达到10.4%，而青少年的超胖肥胖率高达16%。与过去的20年相比，如今15岁以下的孩子患有糖尿病的概率增加了将近4倍。

第二章 运动改变大脑的方式

长期运动孩子的大脑和不运动孩子的大脑

精神生理学家查尔斯说:"长期锻炼,对孩子产生的影响超乎预期。"约翰·瑞迪教授在《运动改造大脑》一书中探讨了运动与大脑之间的关系,揭示了一个重要原理——游戏和运动使人的大脑结构更加优化。

没有运动时的大脑和运动时的大脑

科学家们观察发现,如果孩子们的身体保持一段时间的静止不运动状态,他们体内流向大脑的血流量就会减少,神经传达物质的分泌液也随之停滞。

一旦孩子运动起来了,流向大脑的血流量会增加,神经传达物质的分泌液会提高。而且,孩子刚开始运动时,大脑中还能产生更多的细胞灰质和白质。

神经传达物质以及大脑灰质和白质,与孩子的注意力、思考能力、大脑的灵敏度等息息相关,从而影响孩子的大脑智力。

运动，让孩子的大脑更"丰满"

一项长期跟踪儿童成长的科学研究表明，2~5岁的男孩儿中，爱玩耍、爱运动的男孩比好静、不动的男孩的脑容量大30%左右。其中有两个关键区域，分别是前额叶皮质和海马体。

长期运动比不运动的孩子，神经元网络更丰富，神经元的新连接更多，大脑更"丰满"，这会促使孩子思考问题会更缜密，反应速度更快。

有氧运动使脑灰质增加

美国《神经影像学》上的一篇报告认为，孩子大脑灰质的变化，不仅会影响他们的学习成绩，还会影响他们未来的职场表现。

有氧运动能让孩子大脑不同区域的大脑灰质增多，这些区域与认知功能有关。大脑灰质，又称大脑皮层，是中枢神经系统的一个重要组成部分，包含了大部分大脑神经元的细胞体，具备处理信息的功能。大脑灰质增多，意味着神经元数量增多。

格拉纳达大学体育与健康研究所的研究人员扫描了101名8~11岁孩子的大脑。结合这些孩子的运动习惯分析，发现经常做有氧运动的孩子，大脑前运动皮层、海马旁回、海马体、颞下回、尾状核等区域的大脑灰质较多，对应的模仿能力、社会认知能力、记忆力、控制运动等也较强。

德国神经退行性疾病中心研究了有氧运动与大脑健康之间的关系，实验证明，有氧运动与增加脑灰质的量有关。而脑灰质量的增加，与运动"峰值氧气摄入量"有关。

所谓峰值氧气摄入量，是人体运动时腹肌、胸肌、背肌等大肌群有氧代谢的极限。随着跑步者摄氧量的提高，他们大脑中的灰质体积增大，在摄氧量达到峰值时脑灰质增加得最多。而脑灰质增加，对保护大脑容量，强化认知功能都非常有益。

运动促进神经元再生，让大脑长大

很多研究表明，运动可以延缓甚至逆转衰老对大脑的影响，改善认知衰退和神经退行性疾病。这背后的机制就是——"神经新生"。

成年人的大脑中发现新生神经元

起初，科学界普遍认为，神经元不会进行自我修复与更新，人出生时有多少神经元在之后是不会改变的。但越来越多的科学研究证明，成年后，大脑神经元可再生、修复。

2021年，西班牙马德里自治大学塞韦罗·奥乔亚（Severo Ochoa）分子生物学中心的神经学家玛丽亚·洛朗-马丁（María Llorens-Martín）和她的团队，研究了13名成人的脑组织样本，试图寻找新的脑神经。

研究人员采用免疫荧光染色的方法，在脑组织样本中的海马齿状回区域观察到数千个表达双皮质素（DCX）的细胞。DCX细胞，通常被用来指示新生的神经元。

研究人员进一步确认发现，海马体内生成了新的神经元。海马体是负责记忆和学习的关键区域。随着年龄的增长，人的海马体内会产生特定的蛋白质，研究人员用4种抗体检测了这些制造蛋白质的细胞。

结果显示，这些抗体都被拉向了样本中的数千个形状、大小不一的神经元。玛丽亚·洛朗表示，这是神经元正在成熟的体现，也能表明它们是在生命后期制造的。

玛丽亚·洛朗说:"老年人的大脑生成了新的神经元,这对于形成新记忆来说,十分重要。即使是 90 多岁的人每天都要储存新的记忆,所以我们发现这一点并不奇怪。"

运动诱发神经新生

约翰·瑞迪教授在《运动改造大脑》一书中提出,神经元能像其他身体细胞一样,不断分裂、生长,运动则会诱发"神经新生"。

1998 年,美国神经学家彼得·埃里克森领导开展了一项研究,他们将运动和不运动的两组老鼠困在一个水池里,测试它们对逃生路线的记忆程度。

运动的老鼠每次都能快速地找到逃生路线,抵达安全地带。解剖结果显示,这些老鼠的海马体中,新干细胞的数量是不运动的老鼠的两倍。

新生的神经元是完全空白的干细胞,需要接受刺激,才能发育成神经细胞。一个新生的神经细胞要经历 28 天,才能融入神经网络中。在这个过程中,运动能诱发神经新生,还能保护新生神经细胞的生命力。

《运动改造大脑》一书中有这样一个实验,长跑 1600 米,与服用极小剂量的百忧解(一种血清素药物)和极小剂量的利他林(减轻注意力缺陷多动障碍的药物)的效果一样。可见,运动可以提高神经递质的水平,使大脑中的神经递质和其他化学物质之间保持平衡。

运动刺激肝脏释放 Gpld1,促进神经新生

加州大学旧金山分校康复科学系的助理教授索尔·维勒达(Saul Villeda)带领的研究团队,在顶级期刊《科学》上发表了一项重要研究成果，揭示了运动促进神经新生的原因。

他们首次发现，小鼠运动之后肝脏会大量合成一种叫作 Gpld1 的酶，这种酶的水平升高会促进海马神经元的再生，以及改善衰老小鼠的认知能力。此外，他们在健康的爱运动的老年人血液中也发现了 Gpld1 水平的升高。

更重要的是，基于这项研究，索尔·维勒达的团队还发现，只要增加小鼠肝脏生产 Gpld1 的能力，即使小鼠不运动，也能获得运动给大脑带去的好处。

"如果有一种药物能产生与运动相同的大脑益处，每个人应该都想服用它。"索尔·维勒达说，"现在我们的研究表明，至少有一天这些好处中的一部分可能会以药片的形式出现。"

久坐伤脑，运动让大脑更有活力

美国退休律师克里斯·克劳利和医学博士亨利·洛奇在《明年更年轻》一书中写道，运动能让大脑更有活力。运动可以持续性地让大脑向身体发出生长的信号，促进运动能力、思维活动、情绪控制等发展。

许多研究显示，坚持运动的人，大脑在不断生长，新生的部分不仅包括控制运动的皮质区域，还包括控制人类复杂思维活动的额皮质区域。因此，让孩子参与运动锻炼，非常有利于大脑健康。

久坐对大脑的伤害是不可逆的

孩子大部分的时间都在学校上课，放学后还有不少作业，久坐是他们的常态，但久坐不利于大脑的健康发育。

加利福尼亚大学洛杉矶分校的研究人员，召集了 35 位年龄在

45~75岁的人。研究小组询问了他们的运动情况和一周坐着的平均小时数，随后对每个参与者进行了高分辨率的脑部磁共振扫描，观测大脑内侧颞叶（负责创造新记忆的区域）的结构图。

结果发现，人坐的时间越长，内侧颞叶就会变得越薄。而且，久坐对大脑健康的这种伤害是不可逆的，即便让孩子进行高强度的运动训练，也难以弥补。

久坐减缓血液循环，导致大脑供血不足

英国利物浦约翰摩尔斯大学的研究人员也进行了一项相关的研究，他们发现，长时间坐着不动，会减缓血液循环，流向大脑的血液随之减少，导致大脑供血不足，出现精神疲倦、头昏眼花等症状。

通常，人体血液中含有大量的氧气和营养物质，满足健康大脑所需。血流量减少，大脑就难以获得正常运转时所需的氧气和营养。如此一来，孩子的认知能力就会下降，思维也会变得迟钝。

久坐最好不要超过 30 分钟

连续坐一两小时，是久坐吗？有人甚至认为，坐上一整天，才能算久坐。那么到底坐多久才算久坐呢？

一般来说，只要符合以下任意一种情况，都可以算为久坐：

（1）每天保持坐姿超过 8 小时；

（2）经常连续 1.5 小时没有起身活动；

（3）一周内，清醒状态下保持坐姿超过 5 天。

另外，有实验表明，久坐的时间长短会直接影响大脑的供血量。15 名身体健康的上班族参与了这项研究，他们佩戴着有超声波探头的发带，用来监测他们大脑中动脉的血流量。

第一轮实验中，参与者需要静坐 4 小时，可以办公或阅读。期间，他们可以起身去距离最近的洗手间。第二轮实验中，参与者每隔30分钟要起身，去跑步机上慢速步行2分钟。第三轮实验中，参与者需要连续坐2小时，再去跑步机上慢速步行。

实验结果显示，起身的次数越多，运动休息的时间越长，防止脑血流量下降的效果越好。英国莱斯特大学爱玛·威尔顿博士建议，持续坐着的时间最好不要超过30分钟。所以，建议尽量在每节课后都起来走一走，活动一下身体。

BDNF，运动让脑细胞肥料增多

有些孩子年纪虽小，却没有半点学习新知识的激情；有些孩子则是每天充满活力，不断接触新事物。孩子之间的差距为什么如此大呢？这就是BDNF造成的。

什么是BDNF

BDNF，是脑源性神经营养因子的简称，它是一种在脑内合成的蛋白质，具有促进神经生长活性的作用，被人称为大脑的肥料。

BDNF的作用：大脑记忆力的关键

约翰·瑞迪在《运动改造大脑》一书中说："身体活动可以使大脑产生一种神经营养素，名为BDNF（脑源性神经营养因子）的蛋白质，有助于建立和维持神经细胞的连接。这些网络越强大，儿童就越容易理解和保留信息。所以说，运动能让思维敏捷、提高记忆力等。"

BDNF分布于大脑内的中枢神经系统、周围神经系统、内分泌系统等广泛区域内，在海马区和皮质层的含量最高。

如果BDNF减少或受损，人脑功能就会有不同程度的退化，容易引发"脑雾"现象。所谓脑雾现象，就是"大脑突然丧失其原有功能，处于浓雾之中"的状态。人在这种状态下，会出现记忆力下降、注意力分散等症状，斯坦福大学的科学家们甚至认为，它是帕金森病的早期症状。

适量运动的孩子，海马体区域更大，海马体是与学习和记忆相关的大脑区域，这些孩子显示出长期记忆力更强的迹象。

总之，BDNF 是大脑记忆形成的关键一环。经常运动的孩子，大脑的记忆功能确实更胜一筹。

运动可以显著提高 BDNF 水平

2007 年，德国的一项研究揭示了学习能力与 BDNF 水平之间的关系，BDNF 水平较低的人，学习能力往往较弱。但人在运动后，BDNF 会有所提升，学习词汇的速度也提高了 20%。足以见得，BDNF 是大脑可塑性发育的重要推手之一。

1995 年，加州大学欧文分校的卡尔·科特曼教授开展一项为期 4 年的研究，并在《自然》杂志上发表了一篇题为"老鼠运动和 BDNF"的论文。文中指出，认知功能衰退程度轻的人，主要受到教育、自我效能感和运动这三种因素的影响。

为了进一步探究其中的因果关系，卡尔教授特意设计了一个关于 BDNF 与运动的实验。他将特质的不锈钢转轮放入老鼠的笼子里，并记录老鼠奔跑的圈数，有些老鼠一晚上就能跑上几公里。

卡尔教授解剖了老鼠的身体后发现，每天跑圈的老鼠相比不运动的老鼠，大脑内 BDNF 的增幅更大。且奔跑圈数越多的老鼠，大脑内的 BDNF 水平越高。

另外，爱尔兰有一项研究，让久坐不动的大学生进行高强度的运动训练，观察运动会对 BDNF 产生怎样的影响。结果发现，高强度的运动，确实提高了年轻大学生的 BDNF 水平。

约翰·瑞迪教授在《运动改造大脑》一书中说："BDNF 是思想、情感和运动之间至关重要的生物学纽带。"父母要利用好这根纽带，让运动成为增加孩子脑细胞肥料的营养来源。

运动能平衡大脑

普林斯顿大学神经科学研究所的心理学教授萨宾·卡斯特纳（Sabine Kastner）说："正常的大脑会在专注和分心这两个状态之间交替，但额叶皮层功能发育较为落后的大脑则不能很好地在两种注意力状态之间保持平衡。"想让大脑保持平衡，运动是不二之选。

斯佩里左右脑分工理论

诺贝尔奖获得者罗杰·沃尔科特·斯佩里（Roger Wolcott Sperry）在著名的割裂脑实验中，注意到了左脑、右脑的不同，进而提出了"左右脑分工理论"。

人的大脑由两个半球构成，各有分工。左半球负责控制右侧身体，右半球负责左侧身体。

正常情况下，大脑是作为一个整体进行工作的。外界的各种信息，经胼胝体传递，可以瞬间在左、右两个半球内进行交流。人的行为、活动，都是左右脑信息交换和综合处理的结果。

什么是大脑平衡

想让左右脑协调工作，就要使大脑维持平衡的状态。以人类最发达的大脑皮层为例，其皮层神经网络中有不同类型的兴奋性神经元和抑制性神经元。两者释放出的信号总是相互制约，保持平衡的。

在异常情况下，兴奋性神经元和抑制性神经元失衡，不仅会导致情绪波动，还容易诱发脑疾病。如，兴奋性神经元的活性增强，或是抑制性神经元的活性减弱，都可能导致小儿癫痫。又如，抑制性神经元活动长期异常，可能会引发焦虑症、精神分裂症等。

著名作家兼儿童神经心理学和神经行为障碍专家罗伯特·梅利洛博士说："一个平衡的大脑可以让孩子的消化和免疫系统正常运作，还能提高智力。"

如果孩子的大脑不平衡，他的运动技能、处理信息的能力、消化系统、激素和免疫系统等各方面可能会出现问题。比如，左脑发育迟缓的孩子可能存在书写和语言沟通上的问题；右脑延迟，可能表现为笨拙古怪的姿势和较差的运动技能。具体可以请专业医生进行判定。

大脑平衡失调主要的症状

感觉性共济失调

难以辨别肢体位置、运动方向，多于幼年发病，随年龄增长而加重。一般表现为行走缓慢、身体不稳、两下肢深部感觉及跟腱反射减弱甚至消失等情况。

前庭性共济失调

因前庭系统病变引起，静止和运动时都会出现平衡障碍，具体表现为：站立时两脚间距较大、身体摇晃，步行时向一侧倾倒等。

大脑性共济失调

包含额叶性共济失调、顶叶性共济失调和颞叶性共济失调，多发生于大脑额叶、枕叶、胼胝体等部位的病变。症状有：连带动作缓慢、紧握东西不放松、四肢乏力、肢体萎缩等，早期可能不易察觉。

锻炼大脑平衡的运动

罗伯特·梅利洛博士说过："每个孩子都有一定程度的大脑失衡，有些孩子的左脑或右脑更占优势。"一些简单的小运动，就能起到平衡大脑的作用。

左右脑协调训练操

对 1～3 岁大脑活跃的孩子来说，丰富多样的"左右脑协调训练操"能起到刺激左右脑平衡发育的作用。如滚圆球、触感接触小游戏等。

3～6 岁孩子做"左右脑协调训练操"时，可以选择有关四肢的运动强化训练，如爬行、弓步换腿跳等。

单侧训练

如果孩子习惯做卧推、俯卧撑、杠铃蹲起等对称性运动，他们在做不平衡运动时就会有些力不从心。建议孩子尝试做非对称运动，比如单臂硬推、单手负重弓箭等，增强单边大脑的平衡能力。

"金鸡独立"

"金鸡独立"就是单腿站立，让孩子闭上眼睛，找到平衡，单次坚持 10 秒以上。

当孩子达到大脑平衡的状态时，孩子的智力水平、情绪管控能力、运动素质水平都能有所提高。因此，父母要重视运动平衡大脑的作用，让孩子运动起来。

第三章 运动提升孩子的学习力

运动提升孩子学习的专注力

专注力，是指专心于某一事物的心理状态。大量事实证明，运动可以提高孩子学习时的专注力。

运动增强专注力的实验

美国《神经病学》杂志的一篇报告发现，参加完体育运动的孩子，在学习时专注力更强，成绩更好。研究人员测试了 21 名 9 岁的孩子，第一天，先让这些孩子好好休息 20 分钟，进行一系列刺激辨识测试。第二天，让孩子步行 20 分钟后，进行相同的测试。

结果发现，孩子在刚运动完后回答问题，注意力更加集中，准确率也更高。而且，参加完体育运动的孩子能更好地掌控自己的注意力，不易被外界的噪声等因素影响。

为了验证孩子在运动后的学习效果是否会更好，研究人员让孩子们进行了阅读、做数学题、单词拼写这三项测试。果然，他们在运动后的测试成绩比不运动的情况更好。

还有研究人员做了另一项实验，让两组学生每天早上进行运动。一组学生在运动后立即上一节数学课，另一组学生则是在最后一节课时上数学课。结果显示，做完运动后上数学课的那一组学生，成绩进步得很快。这是因为，孩子在运动后心情愉悦，上课更专心，知识点的理解、记忆更好。

埃里克森的"侧抑制任务"

为了弄清如何才能提升专注力，美国心理学家爱利克·埃里克森提出了一个科学、客观的注意力测量方法，名为埃里克森侧抑制任务。他制作了一份测试表，表中全是一组组随机的5个左右箭头（如 ><<>>）。被测试者需要尽快指出中间箭头的指向，每个人所用的总时长与正确率作为衡量他本身选择性注意力能力的参考。

结果显示，体能更好的人在埃里克森侧抑制任务中，所用时长更短，正确率更高，额叶区域更活跃。但这不能断定，运动越多，人的选择性注意力就越好。被测试者也许会因为其他原因导致选择性注意力好，只是这些人恰好喜欢运动，所以体能好。

为了进一步确定运动与专注力之间的关系，埃里克森团队做了一个更严密、长达6个月的对照实验。他们将被测试者分为两组，一组为步行组，要求每周在跑步机上运动3次，每次进行45分钟的步行训练；另一组为伸展组，要求每周进行3次伸展运动，每次45分钟。伸展组的运动量较小，心率变化较小。

6个月后，两组成员再次接受了埃里克森侧抑制任务的测试。结果显示，步行组被测试者的成绩有了明显的提升，他们所用的时长变短，正确率变高，大脑的顶叶与额叶区域也发生了变化。

而伸展组的被测试者却没有多少变化。可见，运动能有效提升专注力。

运动激活"伏隔核"，提升专注力

大脑每侧半球的深处各有一个奖赏系统"伏隔核"，如果伏隔核认为我们正在做的事很好，就会分泌出神经递质多巴胺，令自己感到愉悦。随着伏隔核里的多巴胺水平快速上升，伏隔核就会活跃起来，从而让人变得积极、专注。如果伏隔核认为我们做的事很无趣，就会走神，去寻找其他能产生更多多巴胺的事。

比如，孩子刚玩一款游戏时，游戏机制、人物、情节十分新颖有趣，就会刺激大脑分泌大量的多巴胺，激活伏隔核，让他全身心地投入。但玩多了同一款游戏，孩子就会觉得很无聊，容易走神，去寻找能刺激多巴胺大量分泌的新游戏。

可见，多巴胺可以屏蔽许多干扰源，帮助孩子集中注意力。如果孩子伏隔核内的多巴胺分泌不足，屏蔽干扰源的能力下降，就难以保持专注。而运动能促进多巴胺的分泌让孩子变得专注。

常运动的孩子，大脑控制力更强

运动可以促进去甲肾上腺素的分泌，使人的精神高度集中，从而增强专注力，减少冲动。在需要大量注意力和自控力的认知挑战任务中，那些运动多的孩子，表现得更准确，反应时间也更快。

对此，脑科学家还做了一项实验。实验将56名学生随机分配到三个学校：第一个学校，整个上午都坐着上课；第二个学校，上课90分钟后，体育活动休息20分钟；第三个学校，上课开始前活动20分钟，上课90分钟之后再活动20分钟。

结果表明，有两次活动的孩子，在注意力测试方面表现得更好。

运动增强孩子的记忆力

有的孩子每天背诵很多古诗、单词，但很快就忘了；有的孩子在学习新知识点时，需要翻来覆去地学习才能掌握；有的孩子平时记忆力很好，但重要考试时突然忘了关键考点……这些都是孩子记忆力差的表现。

记忆的三种类型

记忆是大脑对外界信息进行译码、重新编码、存储与再现的过程。根据记忆内容保持的时间长短，可以划分为瞬时记忆、短时记忆和长时记忆。

瞬时记忆

这是一种保持时间极短的记忆，一般留存1秒左右。凡是进入我们感觉通道的，都可以成为瞬时记忆。瞬时记忆的容量很大，这是因为这类记忆是未经任何处理的，人脑不会对其进行加工、编码和识别。

短时（期）记忆

短时（期）记忆的保持时间在1秒到1分钟，一般是人脑正在使用的记忆，故又称"工作记忆"。例如，短时间内牢记一个邮政编码，使用后就自然地忘掉，这就是短时记忆。短时记忆的容量很小，主要靠视觉和听觉来记忆。

长时记忆

存留时间在1分钟以上的记忆，甚至是终生不忘的信息，都被称为长时记忆。这是人类主要的记忆，它的容量是无限的，因为独特的意义而不断加深。

海马体记忆原理

海马体（Hippocampus），是大脑储存、处理短期记忆的主要结构，负责长时记忆的存储转换和定向等功能。

孩子的海马体越发达，记忆力就越好。如果海马体的功能退化，记忆能力也会随之下降。这就是为什么年纪大的人记忆力会衰退的原因。

经常运动能使海马体的体积增加

运动能加速体内的血液循环，增加海马体的供血量，为海马体运作提供能量，使孩子记住更多的信息。

在运动的刺激下，海马体能够不断发育。有研究人员通过磁共振检查观察10岁孩子的大脑，发现经常运动的孩子海马体较大。而且，运动能抵抗海马体基因老化。要知道，大脑的体积与功能在成年之后不会增加，反而会逐渐萎缩，海马体每年大约会减少1%的体积。但这种退化并非完全不可逆，《美国国家科学院院刊》一篇文章说："与久坐的同龄人相比，那些经常锻炼的人的海马体的体积增加了2%。"

西悉尼大学等机构的研究人员综合分析了14篇临床研究报告后，以737名24～76岁的人为实验对象，其中既有健康人，也有患有抑郁症、精神分裂、阿尔茨海默病等认知障碍的人。令参与者在3～24个月内，每周进行2～5次的骑车、散步或跑步等有氧运动。研究人员对比了他们在实验前后的大脑扫描图，发现健康人的海马体体积增加了。

心跳加速的运动能增加海马体的体积

美国哥伦比亚大学的一项研究发现，心跳加速的运动会增加海马体的大小。

研究人员用核磁共振扫描了120个人的大脑，记录了他们海马体的体积，再将所有人分为两组，进行不同强度的运动训练。第一组参与者，要进行长跑、长距离游泳等提升心率的耐力运动，第二组的参与者需要进行不改变心率的轻度拉伸运动。

时隔1年，科学家再次扫描了这120人的海马体，发现第二组参与者的海马体体积平均缩小了1.4%，而第一组成员的海马体体积则增大了2%左右。这说明，能使心跳加速的运动，对增强海马体功能的作用更明显。

运动十分钟，就能改善记忆力

《美国国家科学院》刊载了一篇题为"急性轻度运动快速刺激人类齿状回功能"的论文。论文中有这样一个实验：36名20岁左右的年轻人使用自行车进行了10分钟的轻度运动，随后接受记忆测试。测试时，研究人员向他们展示了一些物体的图片，如野餐篮、花椰菜，需要稍后回忆、描述。之后，同一批年轻人在没有轻度运动的情况下再一次接受测试。结果发现，年轻人在进行10分钟的轻度运动后能更好地记忆和区分图片。

研究人员还对部分年轻人进行了大脑扫描，监测整个实验过程的大脑活动，发现短暂的运动加速了大脑海马区的活性，使不同区域的神经元相互连通，从而影响记忆的存储与再现。

可见，只需十分钟的轻松运动，就能提高记忆力。

运动让孩子更有创造力

运动能让人变得更有创造力，很多文学家、艺术家、科学家都有这样的经历。

运动刺激大脑活性，提高创造力

日本著名作家村上春树的作品，畅销全球，他总能稳居诺贝尔文学奖榜单前列，却多次落选。2009年，他出版了随笔散文集《当我跑步时，我谈些什么》，描述自己的创作过程。

每次写作时，村上春树会在凌晨4点起床，工作至上午10点。吃过午饭后，他慢跑10公里，再游泳、听音乐、阅读。在谈及创作灵感时，村上春树认为，运动对于他的写作和创造力都很重要。

画家娜斯丽·普罗斯特每周跑步三到五次，她说："当我奔跑时，我可以跳出思想并观察思想。"她解释说，拉开自己与思想的距离，能"创造有序的关系，更清楚地了解思想和可能性"。

神经科学方面的研究证实，一个人在运动时，大脑网络系统受到刺激，活跃度变强，创造能力自然就提高了。

另外，运动能刺激多巴胺的分泌，而多巴胺能弱化"丘脑"过滤信息的强度，让更多的信息涌入大脑的意识层。大脑接收到更多的信息，就会产生更多的想法。

创造力是可以训练出来的

创造力，通俗来说就是创新的能力，是利用联想和想象发展出新的思想和解决方案。"天生没有创造力"这种观点是站不住脚的，每个孩子都有一定水平的创造力，且这种思维能力是可以训练习得的。

1971年，美国心理学教授米哈里·契克森米哈赖（Mihaly Csikszentmihalyi）在芝加哥大学开设了一个艺术工作室，邀请了众多艺术生从30个物品中自由地选择物品，进行静物画创作。

有的艺术生用手去感受各种物品的纹理与重量，有的艺术生尝试着拆解一些机械物品。在体验过程中，他们可以更全面地发现问题、思考问题。结果，在思考上花费最多时间的艺术家，画出的作品更有创意。

还有实验比较了接受创造力训练的孩子与未接受创造力训练的孩子，发现孩子在训练结束后，可以产生更多的创意想法，创造性地应对日常问题，比如，如何多功能地使用报纸。

非正式运动能提高创造力

非正式运动营造的是无结构、无监督的环境，孩子们可以自由地制定运动规则，自主地解决运动中的人际关系。正如纪录片《土地》中描述的那样，孩子们在威尔士的一个游乐区自由奔跑、玩耍、实验。这类具有娱乐要素的运动，非常有助于开发孩子的创造力。

《创造力研究杂志》上的一项研究，调查了儿童非正式运动与成人创造力之间的关系。100名大学生与研究生填写了一份关于儿童时期的活动调查表，这些活动涵盖创作艺术、娱乐运动等。同时，他们还需要完成"成人简短托伦测验"（ATTA），这是一项被广泛采用的创造力测试。

保守分析后的结果显示，孩子在儿童时期参加非正式体育运动的时间越多，成年后的创造力越强。每周参与2小时左右的非正式体育运动，就能让孩子的创造力高于平均水平。

这个研究还发现，创造力较高的人在童年时期，将占总休闲时间15%的时间用于非正式运动上，而将13%的休闲时间用于正式的体育运动上；创造力较低的人在童年时期，将10%的休闲时间用于非正式运动上，而将22%的休闲时间用于正式运动上。这表明，为了培养孩子的创造力，父母不必刻意放弃正式运动，而应该平衡好孩子的运动时间。

斯坦福大学研究员玛丽·奥佩佐说："我原本认为只有在环境优美的户外散步才会激发出人丰富的创造力，但在一间狭小无趣的房子里的跑步机上行走，也会产生非常好的效果，这令我很意外。"

运动让孩子的思维更敏捷

一个人脑细胞的反应速度，往往可以反映出他的思维速度与智力水平的高低。体育运动是加快孩子脑细胞反应速度的一种重要途径。

爱运动的孩子反应速度快

罗马大学的一项研究结果显示，8~11岁的孩子在考试前做一些运动，孩子大脑的反应速度会变得更快，对外界认知也更加敏锐。美国心理学博士洪兰解释说："爱运动的孩子反应速度会更快，是因为他们运动神经纤维外面包的髓鞘因反复大量的活化而变得比较厚，使电流通过得比较快，讯息快了反应就快了。"

一位芬兰的科学家找来10对男性双胞胎，让每对双胞胎中的一人每周至少跑2次，而另一人则不运动。3年后，这位科学家扫描了他们的脑部，发现坚持每周跑步的人脑部灰质区更发达。脑部灰质与大脑处理信息的速度密切相关。

突触越多，思维越敏捷

人的动作反应受到神经系统的控制，丰富的神经元能加快大脑的反应速度，让思维变得敏捷。

大脑中有大量的神经元，神经元的连接数量和方式越多，反应能力越强。在不同的神经元之间，起着传递信号、联系各部分功能作用的部位，就是"突触"。

突触之间形成的神经元回路变得丰富、通畅，信号传递的路线才会变多，思维能力、反应能力才会变强。也就是说，让孩子的思维更敏捷的关键之处，就是要增多、增强大脑里的神经元连接——突触。

神经反应的速度与质量，影响着动作反应的速度与质量，因此迟钝的孩子往往思考时间长、动作缓慢、说话吞吞吐吐。长期运动的孩子往往反应迅速，这是因为他们的神经元网络更为丰富。

加强运动训练，可以促进突触的发育，增强神经元之间的连接。运动是靠肌肉发力完成动作，而肌肉收缩需要神经系统传递信号。在孩子做出各种动作时，肌肉协调配合、频繁发力，相应的神经元就要保持高度活跃，突触就会随之增加。

研究数据显示，经常运动的人，每立方毫米血液中的红细胞比一般人多100万~150万个，血液循环量也比一般人高出2倍。新增的红细胞和血液循环量能向大脑提供更充足的氧气，使大脑活动更加自如，思维更加敏捷。

运动提高大脑的反应速度

我们可以发现，一些不常运动的孩子，总是笨手笨脚的，大脑反应也十分迟缓。而运动，不仅能改善孩子的协调能力，还能刺激大脑，让大脑变得更加敏捷、活跃。

大脑活动的基本过程，就是兴奋与抑制的交替。运动时，人的脑细胞处于兴奋和抑制的高速交替过程中，因此，大脑的调节功能、灵活性和准确性得以提高。研究显示，乒乓球运动员在打球前的反应速度为 0.09 秒，而打球后的反应速度快了 0.02 秒。

经常运动的人，感觉神经纤维总是被刺激，其传导功能就不断强化。有实验发现，经常竞跑的人，简单的反应速度为 161.5 毫秒，复杂的反应速度为 248.7 毫秒，不竞跑的人，简单的反应速度为 218.5 毫秒，复杂的反应速度为 372.5 毫秒。足以见得，运动对大脑反应速度的影响差异有多大。

北京市疾控中心健康教育所建议，让孩子进行户外运动更好。因为户外多样的环境刺激，如时强时弱的光线、时高时低的温度，这些信息在输入大脑时，会刺激相应的神经元中枢，产生更多突触。再加上户外环境的不断变化，也会促使孩子接受信息、处理信息的速度加快。

运动能够刺激大脑皮层中的运动中枢

运动中枢位于大脑皮质的中央区域，是躯体运动的最高级中枢。它对躯体运动的调节是交叉进行的，运动中枢的一定区域精准地支配着一定部位的肌肉。

运动能大大改善运动中枢的工作能力，让孩子的大脑保持清醒，思维敏捷。运动中枢相应的区域被刺激后，会变得活跃，处于兴奋的状态，不断增强大脑皮层的调节能力，更精确地引导思维与动作。运动难度越大、动作越精细，对大脑的刺激越明显。

站着更容易让脑子保持灵活

德克萨斯大学的研究人员向 34 名高中生提供了站立式办公桌，这些学生使用一段时间后，执行能力显著提高。他们能更精准地管理时间，对信息的理解、记忆能力也有所加强，他们开始习惯用书面形式梳理思路、组织思想。

站立学习的学生参与了一项关于神经认知的测试，结果显示，他们的认知能力提高了 7% ~ 14%。可见，微量、低强度的运动也能改善孩子的学习能力。

研究人员对此解释道："站立式办公桌可以减少学生们开小差，可以增加他们的注意力和对学习的欲望。也就是说，相比坐着，站着更容易让脑子灵活起来。"

锻炼孩子思维的最佳运动——乒乓球

运动种类数不胜数，哪一种最有利于孩子的学习呢？著有脑健康五部曲的丹尼尔·亚蒙博士（美）建议，乒乓球就是一个不错的选择。

乒乓球没有身体冲撞，更不会像篮球、足球那样，可能会对大脑造成明显的撞击。而且，乒乓球的运动节奏很快，肢体与大脑都能在短时间内被同时调动起来，协调作用很全面。

亚蒙博士做过实验，他让自己的患者连续打了 10 分钟乒乓球后，进行大脑成像扫描。图像显示，打完乒乓球后，人的大脑前额叶皮层和小脑的活跃程度都明显增加了，从而使思维、感觉和反应变得灵敏，达到精力充沛的效果。

孩子在学习后进行运动，运动中枢神经会逐渐开始兴奋，而与学习相关的中枢神经系统则进入抑制的状态。此时，运动不仅能将更多的氧气和能量输送给大脑，还能让大脑的不同部位得到适当的休息。如此一来，孩子的思维敏捷度就会比不运动的情况更高。

第四章 运动赶走孩子的坏情绪

运动，让孩子摆脱焦虑

"妈妈，我的铅笔盒带了吗？你把门锁好了吗？我今天会不会回答错问题呢？……"孩子总会生出难以控制的忧虑，整天紧张难安，就像一只炸毛的猫，反复地确认潜在的危险。这很可能是孩子焦虑的症状。

焦虑的产生

焦虑情绪主要表现为广泛和持续性焦虑、反复发作的惊恐不安，常伴随肌肉紧张、运动性不安、自主神经紊乱等。焦虑的孩子在大脑中有敏感的触角，让他们察觉到可能并不存在的危险。其实，他们的各种反应只是在简单、直接地执行大脑的指令。

临床上，焦虑主要分为广泛性焦虑障碍、惊恐障碍，其根源就是恐惧。面对从未经历过的陌生状况，孩子会发挥丰富的想象力，将心底的恐惧无限放大，此时，一点风吹草动就能让他们变得焦虑起来。

大脑杏仁核中的神经元群在调节恐惧反应中起着至关重要的作用，杏仁核位于前颞叶背内侧部，海马体和侧脑室下角顶端稍前处，是边缘系统的一部分。杏仁核接受外界的刺激信息，并将其传递到大脑区域，激活了许多自主神经、神经内分泌以及运动骨骼肌系统，使孩子的身体释放出应激激素，引起了交感和副交感神经系统的反应。

交感神经系统活动增加，会出现血压和心率的增加、出汗、瞳孔扩大等症状。副交感神经系统活动增加，会诱发焦虑障碍中的许多内脏性症状，如尿急、腹胀、胃痛等。

运动纳入消除焦虑的认知行为疗法

如果难以通过抹去孩子脑中的恐惧记忆和抑制杏仁核的功能，来缓解焦虑症状，就可以重新建立一个新的记忆，不断强化，替代恐惧记忆，这就是"认知行为治疗"。有事实证明，如果将运动纳入治疗方法，就能不断巩固额叶皮层到杏仁核之间的神经回路，产生一个积极的滚雪球效应。

心理学家基思·约翰斯加德在《通过运动征服抑郁和焦虑》一书中，介绍了将跑步作为认知行为治疗法，治疗广场恐惧症的案例。

每天早晨，约翰斯加德带着患者来到一个购物广场的空旷停车场内，让他们做一连串的快速短跑。接着，约翰斯加德站在购物中心大门的地方，招呼患者朝他的方向跑来。患者们看着约翰斯加德在远处等待自己，安全感代替了焦虑、恐惧，纷纷跑到了购物中心的大门口。

最终，患者克服了进入购物广场的焦虑，大胆地在广场里越跑越远。

勒杜克斯说:"面对焦虑时,我们应当借助行动决策来真正地转变大脑内的信息流,打造新的神经通道。"运动将不构成威胁的刺激因素与真正有威胁的刺激因素联系在一起,改变了杏仁核的神经信号,消除了焦虑反应。

运动缓解肌肉紧张

当孩子感到焦虑、有压力时,会出现肌肉紧张的现象。肌肉紧张是指肌肉保持收缩,甚至有僵硬、疼痛之感。体育运动可以使肌肉在一张一弛中逐渐放松下来,缓解紧张情绪。

1982年,心理学者赫伯特·德·弗里斯(Herbert De Vries)开展了一项研究,发现焦虑的人的肌肉纺锤体内有过度活跃的电信号模式,而运动可以缓解肌肉的这种紧张状态,轻度运动的效果更好。例如,一刻钟的散步就能让神经肌肉放松下来,对失眠、抑郁、神经衰弱等也有好处。

运动的镇静作用

运动能刺激 γ-氨基丁酸(GABA)的释放。GABA,是大脑内主要的抑制型神经递质,这是大部分抗焦虑药物的主要用药目标。当GABA附着在大脑中的受体蛋白质上时,就会产生镇定作用。正常浓度的GABA,能中断大脑内的强迫性反馈循环,对终止焦虑非常有益。

另外,在运动期间,心肌细胞会分泌出名为心钠素(ANP)的分子,它可以缓解身体的应激反应。2006年,德国的一个精神病学团队研究发现,当心钠素的浓度增高时,人的焦虑与恐慌情绪会减轻许多。

需要注意的是,心脏无法同时承受剧烈运动和强烈的情绪。如果孩子带着愤怒或者伤心的心情参加剧烈运动，在 1 小时内心脏病发作的概率是原来的 3 倍。

有氧运动能迅速起效，抵御焦虑状态

2004 年，密西西比大学的学者福尔克斯展开了一项关于运动能否减轻焦虑的测试。他找到 54 名患有广泛焦虑症的学生，将他们随机分成两组，需要分别完成 6 次 20 分钟的运动训练。

第一组，在跑步机上进行心率达到最大心率的 60%～90% 的高强度行走。第二组，则是以最大心率的 50% 的强度在跑步机上行走。

两周后，两组学生的焦虑症都有所减轻，但高强度运动的第一组，好转速度明显更快。测试证明，有氧运动摆脱焦虑的效果更好。

内卷时代，运动帮孩子释放压力

虽然"双减政策"已落地，但父母依然在升学的焦虑中煎熬，孩子身上的压力仍旧很重。据中国青少年研究网的数据显示，有 70% 的学生觉得学习有压力，其中觉得学习压力很大的占 28%，比较有压力的占 38%，仅有 8% 的学生觉得没有压力。

急性压力和慢性压力

压力是身体平衡状态的一个威胁，是一种对反应的考验，一种对适应的要求。在大脑中，任何能引起细胞活动的事情都是一种压力形式。

压力没有好坏之分，我们在生活中常说压力对人有害，事实上所说的并非压力本身，而是人们处理应对压力的方式——压力感，就是大脑细胞承受压力的情绪回应。这种应激反应，会改变感觉，也会改变大脑。

人在应对压力状况时，大脑会做出"战或逃"的选择。

在急性压力的刺激下，肾上腺素会上升。肾上腺素能让孩子呼吸加快，心脏收缩力上升，血管扩张，身体充满能量。如果孩子产生了紧张、恐惧等心理压力时，就会分泌出大量的肾上腺素，大幅提升孩子的应急能力。但孩子身体的能量供给有限，无法长时间大量分泌，因此来得快，走得也快。

在慢性压力的刺激下，会刺激皮质醇的释放。皮质醇，又称压力激素，是促进糖类代谢作用最强的一种激素。当皮质醇处于正常的范围，它能加快肝脏代谢，产生更多的葡萄糖，刺激脂肪分解为脂肪酸、氨基酸等。这些物质融入血液后，血糖升高，可用能量增多。同时，皮质醇会促进胃酸分泌，分解出更多人体所需的营养物质，维持血压稳定。

如果慢性压力导致过多的皮质醇产生，就容易引发肌肉组织和骨骼的分解，还会破坏免疫系统。

慢性压力对孩子的危害

父母要警惕慢性压力对孩子产生的危害，它对人体会产生以下危害。

侵占大脑思维所需的能量供给

虽然大脑只占全身重量的3%，但它却是一个能量消耗的大户。大脑能消耗人体内20%的葡萄糖，皮质醇帮助将蛋白质分解为葡萄糖，输送给大脑。

慢性压力会刺激下丘脑–脑垂体–肾上腺轴消耗大量的能量，保持系统的警觉状态，因而侵占了大脑正常思想活动原本需要的能量。

造成学习、认知和记忆困难

慢性压力较大，容易让孩子体内的皮质醇水平居高不下。皮质醇分泌得越多，对记忆的抑制作用越明显。这就是为什么孩子在难过时，很难学进去。

蓄积脂肪，影响发育

孩子压力太大时，皮质醇会代替肾上腺素，给肝脏发送信号，催生战斗或逃跑效应。这会进一步促使皮质醇加剧储存能量，将蛋白质转化为脂肪。脂肪堆积，就会影响孩子的发育。

加剧社交孤立

生活生存条件便利后，相比以前，孩子的社交也相应减少。孩子感受到这种慢性压力，会更加封闭自己，加剧社交孤立。长期下来，慢性压力甚至会破坏孩子大脑的结构，加剧焦虑、抑郁等负面情绪，增加心理疾病的发病率。

运动为什么能减压

如果压力没有任何发泄渠道，那么压力反应产生的这部分能量就始终积压在体内，孩子就会出现肌肉紧张、呼吸急促等各种问题。运动能改变这种压力状态，主要是通过以下两个方面来实现的：

消耗体能

让孩子锻炼起来，哪怕是在家里走几圈，就能给身体传递出"战或逃"的信号。压力产生的多余能量，通过运动代谢出体外，孩子的身体就能恢复平衡。

释放 β-内啡肽

运动时，孩子体内会释放出 β-内啡肽等化学物质，削弱压力激素的影响，暗示身体"危险已经消除"，让身体逐渐放松下来。

运动减压的最佳"时长"

《柳叶刀·精神病学》杂志上发表了一项关于锻炼和精神负担的研究,研究人员分析了120余万人的数据后发现,无论人的压力有多大,运动都能显著降低他们的精神负担。其中,团队运动的减压效果最好,骑自行车次之。

运动能减压,但长时间运动反而会起反作用。研究发现,运动时间保持在30~60分钟,对精神健康最有益。另外,多项数据显示,运动频率和精神健康负担之间有"U"型关系。无论哪种强度的运动,每月运动12~20次时,人的精神压力更小。

但是,如果运动的时长超过90分钟,每月运动23次以上,反而会加重人的心理负担。建议孩子每月运动12~20次,单次锻炼45分钟,减压效用最好。

运动能修复压力造成的损害

运动有助于扭转长期压力带来的损伤。研究者让幼鼠与母鼠分离,发现幼鼠被迫分离后受到压力,记忆明显受损,海马神经也有所减少,脑细胞死亡增多。但让幼鼠开始运动后,尽管它们仍表现出压力行为,但它们大脑中的海马神经逐渐得到恢复,行为也更加大胆、轻快。可见,运动不仅能释放压力,还能修复压力造成的损害。

运动让孩子远离抑郁

很多父母发现,当孩子酣畅淋漓地运动后,他会变得兴奋、愉悦。美国心理学家马尔曼对此进行了研究,证实人在运动后,焦虑、抑郁的情绪显著缓解,而愉快的心情显著增强。他将这种现象称为体育运动的短期情绪效应。

北京宣武医院神经内科副主任医师闵宝权解释说:"从心理学角度来讲,运动对人的情绪具有良好的调节功能。在运动过程中,个体的很多能量通过合理的方式宣泄了,同时,正面情绪的能量多了。"

运动产生的神经递质,影响孩子的心情

孩子在做运动时,会充分调动前额叶皮层内的5-羟色胺、去甲肾上腺素、多巴胺等化学物质,这些物质涵盖了所有抗抑郁药锚定的神经递质,能帮助孩子记住更快乐、有益的东西,从而摆脱抑郁情绪。

也就是说,人的情绪、情感和神经递质息息相关。

下面我们具体来看,不同的神经递质是如何影响孩子心情的。

运动产生的多巴胺,是一种快乐的奖赏机制

多巴胺是大脑中的一种神经递质,帮助细胞传送多种化学物质,主要负责传递高兴、兴奋、喜悦的情绪。

多巴胺能使人快乐,本质上是因为它是一种奖赏机制。当个体被鼓舞、被爱、被夸奖时,中脑边缘系统中的多巴胺神经元就被激活了。而且,多巴胺不仅会在真正赢得奖赏时加速分泌,在憧憬获得奖赏时就已经开始分泌了。

一定程度的运动可以刺激多巴胺的分泌,激励孩子去做能让他感到兴奋的运动,以获得期望中的愉悦感。

运动产生的血清素,能让孩子平静

血清素,即5-羟色胺,也是一种神经递质,能让孩子感到平静与舒适,被称为"情绪稳定剂"。

如果孩子处于忧郁、悲伤的情绪中，血清素会让孩子开朗起来。如果孩子体内多巴胺、肾上腺素分泌过量，处于兴奋状态，血清素就会让孩子冷静下来。缺乏血清素的孩子，往往情绪波动大，难以控制。

孩子体内的血清素大都在早晨分泌，浓度最高，到了下午浓度就会开始迅速降低。虽然能持续一整天，但血清素发挥的效用却不一定能有所保证。

适量、有规律、有节奏的运动，能刺激血清素的分泌。通常，让孩子在早晨进行10～30分钟的"热身运动"，如散步、慢跑、深蹲等，就能刺激血清素的分泌。如果孩子运动过量，会使皮质醇分泌过量，反而抑制血清素的分泌。

运动产生的内啡肽，能让孩子幸福、减少痛苦

在运动改善心情这件事上，内啡肽起着最重要的作用。内啡肽带来的快乐最持久、最真实，可以彻底改变孩子的负面情绪。

内啡肽能调节应激情绪，在孩子受伤时，内啡肽可以减少痛苦；在孩子享受亲子运动时，内啡肽会产生强烈的幸福感。

1982年的波士顿马拉松比赛中，一位盐湖城的长跑运动员在跑到11公里处，发生了股骨骨折，他仍跑完了全程。赛后，外科医生用了长长的钢板才将其断骨固定。外科医生推测，除了运动员本身发达的肌肉起了固定作用，还因为高强度的运动，使他体内分泌了大量的内啡肽，起到了很好的镇痛作用，一直让他保持在兴奋的状态中。

在20世纪80年代，意大利学者也指出，剧烈运动后体内的内啡肽分泌量会升高到不运动状态时的8倍。因此，长跑结束后，人的幸福感大幅提升，身体的疼痛感就被大大削弱了，这就是跑步者的愉悦感。

一般来说，孩子做中等偏上强度的运动，如跑步、打羽毛球、登山等，坚持半小时左右，才能刺激内啡肽的分泌。研究表明，体内释放出的内啡肽剂量越多，情绪越好。

内啡肽在改善情绪后，会被分解、吸收。分解的速度越慢，愉快情绪持续的时间就越长。专业运动员体内的内啡肽降解速度比普通人慢，他们的快感持续时间远超常人。

有学者认为，内啡肽与多巴胺之间存在互补效应。运动产生的多巴胺剂量小、时效短，内啡肽剂量大、时效长，能增强多巴胺的效果。

运动产生的催产素，能增强孩子的信念感

催产素是由垂体后叶分泌出的一种肽类激素，能减少孩子体内肾上腺酮等压力激素的水平，有效抑制负面情绪。而且催产素能刺激多巴胺和血清素的分泌，从而舒缓孩子的心情。

催产素能让人感受到更持久的平静、安全感与信念感。美国《国家科学院学报》的一篇报告上，研究人员随机招募了三百多名平均年龄约为23岁的中国学生，参与了一场测试。

在测试的第一阶段，研究人员向学生们展示了40个负面生活的事件，如失业、患癌、抑郁等。学生们需要评估每个事件在自己未来发生的概率。评估结束后，研究人员将会向每个学生展示该事件在与他们年龄、教育经历、社会经济地位相近的人身上发生的概率。

随后，这些学生被随机平均分配，通过鼻喷摄入催产素或安慰剂。静待40分钟后，测试进入第二阶段。这些学生需要重新评估

40个事件在自己未来发生的概率。

结果显示，鼻喷催产素提高了他们对积极反馈的信心，减弱了消极反馈。在消极的孩子身上，催产素弱化消极反馈、增强正面情绪的作用尤为明显。

除了拥抱、亲吻可以触发催产素的分泌，运动也能促进催产素的分泌。经常参加各种运动，如与他人进行积极互动的运动，可以增加催产素的水平，提高人的幸福感。运动后的拉伸、按摩放松，同样会产生催产素。

当以上这些神经递质分泌减少，孩子就容易出现抑郁情绪。

长期运动对抑郁症状的改善明显

1999年，杜克大学的神经系统科学家詹姆斯·布鲁门索（James Blumenthal）与团队成员一同完成了一项名为"微笑（SMILE）"的研究，探究标准医疗干预与长期运动之间的关系。

布鲁门索召集了156名抑郁症患者，将他们随机分为三组。第一组为运动组，每周坚持做3次中等强度的有氧运动，每次半小时。第二组为服药组，所服药物为通用的抗抑郁药物。第三组为运动且服药组。

4个月后，每组中都有近一半的人病况好转，不再被诊断为抑郁症。同样，每组中约有13%的人没有完全恢复。

又过了6个月，布鲁门索对这156个人进行了再次调研。运动组中约有30%的人有抑郁症状，而服药组中则有52%的人有抑郁症状。可见，运动的长期效果比服药好。

起初，研究团队推测运动且服药组的人应该会有更好的效果，结果恰恰相反。运动且服药组的复发率为31%，而运动组的复发率仅为3%。布鲁门索解释说，服药是一种被动疗法，患者更容易产生抵触心理，而只做运动的患者产生了强烈的"自我掌控感"。随着病情的改善，他们产生了无穷的成就感，更加喜欢运动，形成了自我治疗的"良性循环"。美国密西根大学人体工学华裔副教授陈蔚云在《世界日报》发布了一项报告称，经常运动的人比不运动的人，快乐感多出52%。如果孩子心情不好，就让他去运动吧！

运动，让孩子自上而下充满自信

在2021年出品的纪录片《小小少年》中，9岁女孩云儿在嘈杂脏乱的猪肉铺中，伴着剁骨的"梆梆"声翩翩而舞。令人动容的是，这么娇弱的身躯却散发着震人心魄的自信气场。

有一技之长的孩子总会显得格外自信，这种自信是由内而外的，让人过目不忘。这种信心在喜爱运动的孩子身上表现得更为突出。这是因为，孩子拥有非同一般的运动技能，内心就会有安全感，外显为自信。

冠军的自信思维

北京冬奥会的冠军谷爱凌，在接受采访时说："对我自己来说，滑雪是我最大的自信来源。"

谷爱凌从8岁开始练习滑雪，那时的她性格内向，不敢与别人交流。当她每次学会一个新动作时，伙伴们就会主动围过来，问她："爱凌，你是怎么做到的？"如果是伙伴先学会，谷爱凌也会上前去问："你们在空中看到了什么？落地是什么感觉？……"通过滑雪，谷爱凌收获了友谊，也找到了自信。

平昌冬残奥会轮椅冰壶冠军运动员王蒙说："轮椅冰壶让我更

快乐，也更加自信。"亚利桑那州立大学的体育心理学家吉姆·阿弗莱莫在《通往卓越之路》一书中，分享了冠军思维的自信心理技能。

根据运动心理学的研究、获奖运动员的个案报告显示，在取得运动成功上，信心至关重要。在自由式滑雪女子坡面障碍技巧决赛的第二轮，谷爱凌在第三个障碍处失误摔倒，仅获得16.98分。她对自己的技能、准备与能力坚信不疑，在稍作调整后，逆风翻盘，拿下一枚银牌。增强信心，自我肯定，专注于成功，就是运动员成为冠军的有力武器。

运动自信心

运动产生的自信心，分为特质性运动自信心、状态性运动自信心两种。特质性运动自信心是指，孩子在一般情况下表现出对自己能在运动中取胜的确信程度。状态性运动自信心是指，孩子在临场感受到的或实际表现出的，能在运动中取胜的确信程度。我们通常所说的"对比赛有没有信心"，属于状态性运动自信心。

孩子不自信，本质是对自己实力的不信任。运动员更自信、独立，就是因为他们在长期的运动中更好地认识自己、挖掘自己，不断突破自己的极限，使性格与观念变得积极、向上。一家创意公司的职员隋晓然，坚持训练马拉松长跑后，说："别人能做到的我也能做到，我觉得自己变得有底气和自信了。"

良好的运动自信心，源自过往的运动经验与运动成绩。当孩子确定自己的动作、心理状态都是优异水平时，他就能很快形成运动自信心。

尤其是对生活经验不丰富，又不知不觉积累了许多挫败感的孩子来说，运动自信心就是让他建立自信最快的途径。运动没有严格、复杂的判定标准，孩子动动手脚就能做到，看到自己的进步。

比如，孩子经过不断的运动训练，从抱不住篮球蜕变成能自由运球、定点投篮进球的小运动员。他能亲眼见证自己进步的瞬间，会惊讶于自己的强大，变得越来越自信。

从运动中获得自上而下的自我效能感

1977年，美国心理学家班杜拉提出了"自我效能"这一概念。自我效能是指，个体对自己将要执行的某个行为，是否能达到预期结果的能力的主观性判断，就是达到预期目标的自信心与自我控制能力。

高效能感的孩子，往往更加乐观开朗，有信心迎接各种挑战。在运动领域，孩子的自我效能感主要来源于以下几个方面：成功表现、替代经验、言语说服、生理状态、情绪状态、表象经验。

从力所能及的小运动开始，一点点增加运动量、运动难度，孩子就能积累出多种成功体验，增强自我效能感。

运动中源源不断的成功体验，刺激大脑中的脑源性神经营养因子（BDNF）、促生长因子（IGF-1）、血管内皮（细胞）生长因子（VEGF）和碱性成纤维细胞生长因子（FGF-2）的生长，为新神经网络、新神经元的构成提供了原料。运动修复了突触内神经递质的失衡，激励孩子建立健康的神经连接。

这种运动效应打破了大脑陈旧的禁锢，让孩子置身于全新的背景下，有了目标感和自尊感，给刚诞生的神经元提供了生存的强大动力，从而产生自上而下的激励机制。也就是说，运动不仅能激发孩子大脑对生活的热爱，还能刺激身体释放出积极的行为信号。

运动，提升孩子在逆境中的心理韧性

耶鲁大学精神病学名誉教授史蒂文·绍斯威克（Steven Southwick）博士说："韧性实际上是面对逆境时反弹的能力。从生物学的角度来看，这是一种调节压力反应的能力，并有望建设性地利用这种能力。"

运动就是一种较小的压力源，可以建立韧性。在学习新运动时，孩子的大脑接收大量的新信息，触发神经元之间的各种活动。运动让大脑在有压力的情况下，保持有张有弛的状态，防止杏仁核和交感神经系统失控，提升孩子的抗压力。

舟舟从小就娇生惯养，见人怯生生的，也不经事。因此，父母给他报名了武术课，让他多与人交流。经过半年的摸爬摔打，舟舟不再畏畏缩缩，意志力变得坚韧，能吃苦耐劳了。美国人体运动学和体育科学院院士朱为模说："运动能培养坚韧的性格。"

患白血病 7 年的奥运会马拉松游泳冠军

2008 年北京奥运会男子 10 公里马拉松游泳比赛中，荷兰运动员范德韦登取得了历史上首个男子游泳马拉松冠军。他看似是一个普普通通的运动员，却有一段跌宕起伏的传奇经历。

范德韦登剃着一个光头，颅顶两侧印着"NED"（荷兰的英文简称）三个字母。仔细一看，你会发现他的头顶有两个硬币大小的疤痕，随着呼吸而翕动。这两个疤痕，正是白血病患者做化疗、骨髓移植留下的痕迹。

在十几岁时，范德韦登就被公认为是荷兰国内最具天赋的游泳选手，但在他 20 岁时，一个噩耗传来——"我被诊断出患有白血病，我陷入了深深的绝望。"

当所有人都在为他即将结束的运动生涯而惋惜时，范德韦登积极接受着治疗。"当你躺在医院里，忍受着巨大的病痛，你简直就不会去想下个月，下个星期，乃至下个小时的事情。"范德韦登忍受着常人难以想象的痛苦，接受了骨髓干细胞移植手术，逐渐康复。

"我还有什么理由不游下去呢？从生到死，我是幸运的。现在，我只看到未来。"范德韦登不断磨炼着自己的意志，还学会了等待。他重新回到了赛场，选择了最艰苦的 10 公里马拉松游泳比赛项目。

"我赢得的不仅是比赛的胜利，也是生活的胜利。"金牌，既是对范德韦登运动水平的肯定，更是对他意志坚毅的嘉奖。挫折对运动员来说，是家常便饭，而运动就是他们乐观向上、顽强拼搏的精神支柱。

增强抗压力，就是找到压力临界点并有所行动

1936 年，加拿大生理学家、"压力之父"汉斯·塞尔耶在《各种伤害作用引起的综合征》一书中，第一次使用了"stress"（压力）这个术语，并将压力的概念运用到生物医学领域。

汉斯·塞尔耶认为，压力是人或动物等有机体对受到环境刺激后产生的一种生物学反应现象。在大脑中，任何能引起细胞活动的事都属于压力。神经元发送信号需要燃烧能量，能量燃烧会使细胞产生破损与裂缝。压力感就是人体对大脑细胞承受压力的情绪回应。

当压力突破了身体的平衡状态，与极限承受能力相冲突，身体无法适应时，就达到了压力阈值，也称压力临界点。例如，当运动到一定程度，身体的各项器官发出了抵御、反抗信号，如呼吸困难、呕吐、大小便短暂失禁的感觉，这就是一个压力临界点。

美国临床心理学家劳伦斯·科恩说:"它是一个重要的心理地点,在这里面对恐惧时,我们虽然感到害怕,但仍然可以有所行动(至少我们可以再往前迈一小步)。"不断靠近临界点,每个感觉器官会变得格外灵敏,如果孩子能试着一步一步去突破它,意志力就会越来越强。

只有达到身体临界点的压力,才能让孩子练就坚韧不拔的品性。

让孩子从小适应压力

"有证据表明,在人生早期暴露于慢性压力下,实际上可以让你在以后的生活中适应压力,就像最初的经历改变了你的韧性。"辛辛那提大学精神病学、压力神经生物学实验室主任詹姆斯·赫尔曼博士说。

孩子身体的适应能力非常强大,神经传导机制会发出信号,让身体各器官变得强壮,适应力量训练,适应、习惯压力源的存在,就好比脱敏治疗一样。在幼龄时期,通过接触各类较小的压力源,能更好地训练大脑处理压力的能力。

在处理压力的过程中,有一部分需要孩子面对的恐惧,前额叶皮层将会收到来自杏仁核的警示信号。但如果恐惧持续增加,前额叶皮层的调控功能就会降低,主要由杏仁核来控制行动。此时,孩子主动向杏仁核传递信息,在力所能及的范围内,坚持不妥协、不放弃,就能激发出潜在的能力对抗压力。

跳水运动员吴敏霞曾说:"运动对于一个人意志力的锻造、毅力的考验,甚至心性的打磨、性格的养成,有着难以替代的作用。"只要孩子能习惯各种运动带来的压力,也能在运动中释放各种压力,就能实现动态抗压,成为一个百折不挠的人。

第五章 抓住关键期，培养孩子的运动能力

运动锻炼大脑的三个黄金时期

孩子大脑中各项功能的水平高低，并不是在出生时就由父母的基因决定的。许多儿童神经学家发现，在孩子大脑的发育过程中，后天因素和先天因素的影响力不分上下。

理论上，孩子在任何年龄段做运动都可以强身健脑，改善心智。但如果我们能在大脑发育的黄金期内，选择恰当的运动，那就能起到事半功倍的效果。

哈佛大学的行为学家理查德（Richard）教授，经过长期研究儿童行为心理学后发现，在孩子的一生中，有三个发展脑力的关键时期，分别是0~3岁、3~6岁、6~9岁。错过了这三个黄金时期，就很难通过后天的训练来提高孩子的智商了。

0~3岁

意大利幼儿教育学家玛利亚·蒙台梭利认为，人在3岁以内获得的发展，其重要性和影响力会远远超过人生中的其他任何一

个阶段。

之所以说0～3岁是大脑发育的关键期，不仅因为大脑的重量迅速增长，还因为在外部的刺激下，神经元的连接速度加快。因此，0～3岁期间，需要给予孩子触觉、听觉、视觉和动作等多方面的刺激，其中，运动是对大脑的一个重要刺激方式，会让孩子变得更加聪明。

2020年，一个2岁小男孩打篮球的视频在网上引起热议。小男孩名叫"小布丁"，年纪虽小，但运球动作十分灵活，投篮也是百发百中，在球场上可谓是独领风骚。小布丁的爸爸说，小布丁从1岁起就开始练习投篮，姐姐常在一旁陪练，爸爸则充当移动的自动篮筐。

与其去羡慕"别人家的孩子"，不如抓住0～3岁这个"大运动黄金期"，让孩子做好针对性的训练，相信所有父母都能培养出一个运动小达人。

英国的儿童专家指出，父母要多多引导小婴儿进行全身各个部位的活动，如爬行、抓握东西、伸展四肢等。而且，孩子的年龄越小，越容易培养出良好的运动习惯。研究显示，人的行为中约有45%是由习惯影响造成的，但习惯的重要性远比这45%所代表的意义更重要，因为习惯是几乎每天都在重复的行为。从孩子的成长发育上来看，养成运动习惯将会受益无穷。

中国优生科学协会理事吴光驰在《妈妈宝宝系列：0～3岁宝宝益智亲子游戏》一书中，介绍了许多适合此年龄段孩子的运动。以下几项运动作为推荐：

适合0~1岁宝宝的运动游戏

"轻轻悠起来"（9个月以上）

玩法：准备一个结实的床单。父母面对面站在床侧，将床单铺平在床上，将孩子放在床单中间。父母一起抓住床单的四个角，抬起双手，轻轻地晃起来。两人可以轮流抬高床单，让孩子倒向或滚向低的一端，不断调整姿势。

翻越障碍物（9个月以上）

玩法：将毛绒玩具、抱枕、矮凳等高低不同的物品，摆在干净的地板上，或摆成一条直线，或摆得密密麻麻。

年龄很小的孩子可以爬着避开、翻越这些物体；会走的孩子可以绕行、跨过这些物体；跑步自如的孩子可以绕着障碍物进行跑跳训练。

适合1~2岁宝宝的运动游戏

"小拖车"（1岁以上）

玩法：将有一定重量的物品放在床单上，让孩子拉着床单到处跑、玩，尽量不让床单里的物品掉落。

投球（1岁以上）

玩法：找到一个一侧打开的纸盒当作球筐。父母与孩子站在一米、两米开外，朝纸盒内投掷小球、毛绒玩具等。

"钻一钻"（1岁以上）

玩法：在桌子腿、椅子腿之间系上长长的毛线绳，让孩子不碰线地钻来钻去。可适当改变绳子的高低，增加难度。

保龄球（1.5岁以上）

玩法：准备几个空的塑料瓶，摆成三角形，放在一定距离开外。

让孩子手拿一个小球，朝塑料瓶滚去，练习多次就能击倒全部。

室内足球（1.5岁以上）

玩法：准备一个小足球，再找一个纸箱，在纸箱一侧挖出一个拱形洞当球门，立在地板上。玩具筐、家具门、椅子腿也可当作球门。父母与孩子一起踢球，将足球踢入"球门"。

适合2～3岁宝宝的运动游戏

捉"蜻蜓"（2岁以上）

玩法：用装水果的网兜自制一个捕蝶网，父母投掷小球、纸飞机、轻小玩具等，孩子在一旁用网兜接住。

夹球跳

玩法：把一个大小合适的球（不影响走路）夹在孩子双腿之间，让孩子夹紧球，向上蹦跳。

穿过呼啦圈（2.5岁以上）

玩法：父母将呼啦圈竖起来，孩子弯腰从呼啦圈中钻过去，或跳过去。如果呼啦圈个数多，可以间隔一定距离竖立，孩子弯腰从中穿行、跨越。

击球（2.5岁以上）

玩法：教孩子手拿小棍子击打橡皮球、玩具高尔夫球等。父母可以制定一些规则增加难度，如只能击打指定的小球或某个颜色的球。

3～6岁

这个年龄段内，孩子的大脑发育趋于稳定，右脑的发育速度更快。大脑有左右脑之分，两者共同发挥功能，人体才能快速做出相应的反应。而且，左脑、右脑平衡发展的孩子，智商可以提高更多。

3~6岁的孩子，正处在基本动作技能发展的关键时期，运动时应以发展基本动作技能为核心目标。行走、跳跃、跑步、投掷等基本动作技能，是孩子生活活动最基本的要素，也是各种运动、竞技组合动作的基础。因此，建议通过丰富多样的运动体验，全面发展孩子的基本动作技能。

孩子学会多项动作技能，能增强孩子参与运动的兴趣与信心。在这个过程中，父母可以发掘出孩子运动能力的优缺点，进行适当的个性化引导。

建议3~6岁的孩子，运动选择以多种目标、多种环境、多种形式、多种强度为原则，但要记得目标合理、循序渐进，避免过早要求学龄前儿童完成超出其能力的运动。

2018年国家发布的《学龄前儿童（3~6岁）运动指南》指出，学龄前儿童各种类身体活动时间应累积达到180分钟以上，中等及以上强度活动累计不少于60分钟，每天要进行至少120分钟的户外活动。但需注意，运动指南推荐的是全天的累计运动量，孩子可以分多次完成。

3~6岁儿童运动推荐：

平衡车

平衡车没有脚蹬，全靠孩子双腿发力驱动，十分考验平衡能力和身体的协调能力。3岁之前的孩子这方面的能力远远没有达到要求，但3岁以后就可以开始练习了。

脚踏滑板车

脚踏滑板车是孩子用单脚滑动前行，能促进孩子腿部力量以及平衡性发展。注意，没有扶手的滑板车，至少要等孩子8岁以后玩才安全。

小自行车

建议孩子3岁以后，开始尝试骑带辅助轮的小自行车，每次尽量不要超过30分钟。

篮球

4岁以后，孩子身体的协调性和柔韧性等能力发展较快，适合学习打篮球，对孩子提高注意力、记忆力、行为控制能力都有明显的帮助。

6～9岁

通常，孩子上初中以后的智力水平就难改变了，可见6～9岁是儿童智力发展最后一个关键阶段，这也是培养孩子性格习惯和学习能力的重要阶段。

6～9岁的孩子，身体的耐力、力量、灵敏度都有了一定的发展，但仍处在生长发育阶段，因此要尽量避开高强度的对抗性运动，以定向培养孩子的运动能力为主。羽毛球、乒乓球、足球、弹跳类运动，都是不错的选择，既对孩子的大脑发育有益，又对身高发育有利。

儿童运动发展里程碑，你的孩子达标了吗

运动技能，是指一个人通过身体的肌肉来控制、协调行为的能力，受大脑系统的影响。运动技能可分为粗大运动技能和精细运动技能。

虽然每个孩子都有自己的发育节奏，但大部分孩子都会在特

定的时间范围内，获得相应的运动技能，这就是他们的运动发展里程碑。

儿童粗大运动技能的发展

粗大运动技能，主要是指坐、走、爬、跑等运动。

孩子的粗大运动技能，一般是遵循着自上而下，由近至远，从广泛牵连到牵连集中的肌群，从正向动作到反向动作的发展规律。

（1）由上至下。孩子依次学会抬头、翻身、坐、爬、站、走、跑等粗大运动技能。

（2）由近至远。孩子逐渐学会控制肩膀、手臂、手肘、手腕、手指等部位。

（3）由泛化到集中。由多部位不协调运动向协调运动发展。

比如，孩子学爬行时，全身需要向前用力，手臂和小腿都要保持紧张，腰部也不能放松。熟练爬行后，孩子的手臂可自由地弯曲，腰部适当放松，手脚同时发力，就能爬得又快又稳。

（4）正向动作先于反向动作。孩子往往是先站后坐、先走后退，先抓后放。

粗大运动技能训练，更适合每日运动量不足、大肌肉力量不足、运动技能低下、耐力差的孩子。粗大运动有助于激发孩子的探索能力，还能促进语言中枢的发展，增强孩子的注意力，锻炼孩子的空间感和平衡感，改善孩子的情绪和行为。

儿童粗大运动的发展参考标准

6岁之前，是孩子动作发育的敏感期。在每个年龄阶段，孩子的大运动技能都会呈现出新的发展特点。如表5-1所示：

表 5-1

年龄	大运动技能
2 个月	能抬起下巴
3 个月	俯卧抬头,可挺起胸
4 个月	能扶着坐
6 个月	会翻身
7 个月	能独坐 5 秒及以上
8 个月	会爬
9 个月	能扶着物体站
12 个月	大人牵着能走
15 个月	独立步行
18 个月	会跑,倒着走
2 岁	会踢球,能上下楼梯,能举手抛物
3 岁	会跳高、跳远、骑小三轮车
4 岁	单脚站立,会接球
5 岁	能快跑,翻跟头,会跳绳
6 岁	会独脚跳,会玩滑板车,骑两轮单车,拍皮球

儿童粗大运动技能训练

父母可以利用一些简单的小游戏,锻炼孩子的粗大运动能力。

跳房子

交替跳跃的动作,可以锻炼孩子的双腿肌肉和平衡协调能力。父母可以设置跳房子之类的障碍性跳跃游戏,教孩子原地起跳、跳远等技巧。

找玩具

父母将孩子喜欢的玩具藏在不同的地方,让孩子翻找。孩子找到时,父母可以给予一定的奖励。

模仿动物

父母与孩子一起观看某个动物的图片、视频,模仿动物走路、跑步、吃东西的动作。如兔子、袋鼠等。

多做接皮球的游戏

父母与孩子间隔 1 米左右,将小球抛给孩子。如果孩子接住了球并传回了球,父母可以适当前移、后退,改变距离,调整孩子的力度。

儿童精细运动技能的发展

精细运动技能,主要是指手指的运动,本质就是手、眼、脑的协调能力。手指的灵活性越高,各种精细运动就能做得更好。抓握、挥手等日常生活中手部的运动,都属于精细运动。如果孩子的精细运动技能较差,势必会影响孩子的生活自理能力。

孩子的精细运动不仅包括手部运动,还包括口腔、舌头、脚、脚趾等部位的运动。精细运动能锻炼孩子的大脑和神经系统,增强孩子的认知能力,改善生活自理能力,让孩子变得心灵手巧。

精细运动技能的发展,呈现出递进式的特点,由简到难。没有打好基础,复杂的技能动作也会很难完成。因此,父母要多让孩子动手体验,逐步发展精细运动能力。

儿童精细运动的发展参考标准

精细运动技能也是有一定的发展顺序的,父母可以参考表 5-2,对照孩子的发育情况,及时干涉、训练。

表 5-2 儿童精细运动的发展参考

年龄	精细运动技能
1 个月	双手可反射性握拳，眼睛可以随物体转动
3 个月	双手可移至胸前观察、触摸、把玩 可将手里的物品放进嘴里，企图抓握玩具
4 个月	用手或口接触物体
5 个月	可以用单手抓紧物品 可以敲打、玩耍玩具
6 个月	仰卧时，可用手触摸双脚，把玩脚趾 可伸手准确抓物，做拍打动作
7 个月	可用双手转移物体，捡拾物体
9 个月	喜欢用手到处触摸、探索 可以撕纸、自己进食
10 个月	可用手指捏紧物体、拍手、指物体 双手可各握一物相互敲击
1 岁	会翻书、握笔乱涂
12～15 个月	会使用汤匙、杯子等小物件 可将小物品放入杯中或瓶中，并从中取出 确定惯用手
15～18 个月	可搭 2～3 层积木，可以玩嵌板 能将一个杯子里的水倒入另一个杯子中
2 岁	会用笔在纸上乱画不规则的线、重复的线 会转动门把，旋转圆盖子，穿鞋、袜子、裤子 可以模仿折纸动作，可以上玩具发条，可以模仿画圆形
3 岁	会画圆圈和十字，会系扣子，会用小剪刀 能够打开、盖上小罐子

（续表）

年龄	精细运动技能
4岁	可以写自己的名字 可以用剪刀剪曲线 25秒内可以把10个小珠子放进瓶子里
5岁	会使用筷子、小螺丝刀、小榔头 会独立穿脱衣服，系拉链 可以画方形，进行简单的拼图游戏
6岁	可以用剪刀剪出方形、圆形、三角形 可以完成复杂的点连线图 会用绳打结、系鞋带

儿童精细运动技能训练

做精细运动，孩子需要同时调动认知、注意力、上肢肌肉等。以下小训练对增强孩子的精细运动技能都十分有用。

吃溶豆

溶豆配料健康，口味丰富，是一款能勾起孩子食欲的零食。而且，溶豆入口即化，不用担心孩子误吞。

小小的一颗溶豆，就能锻炼孩子手指的抓握力。让六七个月以上的孩子用手指抓握溶豆，给自己喂食，能锻炼宝宝的手眼协调能力。

手撕包菜

给孩子一颗包菜，让他随意动手撕，孩子就能安静地玩上一阵子。不仅锻炼了孩子的动手能力，还能帮助解决家务活，一举两得。

折纸

父母带领孩子一起学习折纸，从简单的纸飞机到复杂的爱心、小动物，慢动作分解教会孩子。坚持训练，孩子手指的灵活性会越来越好。

捏橡皮泥

父母可以为孩子准备各色的橡皮泥和模具，让孩子自由地捏出有趣的小物体，如硬币、小熊、向日葵等。

有氧运动，给大脑提供更多氧气

儿童大脑长期处于慢性缺氧的状态，是许多父母容易忽略的问题。比如月龄较小的孩子难入睡，年龄稍大的孩子嗜睡、易激惹，这都是脑缺氧的不同表现。随着缺氧程度的加重，孩子会变得精神状态差、头晕心慌、四肢无力、肌张力不足，甚至出现浅昏迷、抽搐的情况。

大脑需要多少氧气

人体的每一个细胞、组织和器官正常运转，都需要消耗能量。摄入充足的氧气，才能保证使各类营养物质充分分解、转化为能量。人体每分钟需要消耗氧气200～300毫升，不同的器官消耗氧气的量是不一样的。

大脑作为人体的神经中枢，虽然只占体重的2%左右，但却消耗了人体30%～40%的氧量。这是因为大脑的毛细血管分布十分丰富，全长差不多120公里，所以需要大量的氧气供应和营养物质。

大脑氧气供应中断的危害

正常情况下，人体内储备的氧气量为1500毫升左右，只够身体消耗5分钟左右，如果不能及时补充氧气，身体会进入缺氧状态。而大脑，对于缺氧的承受力是最低的。

氧气不足，将会引起大脑功能的各种重大障碍。氧气供应中断的那一刻，大脑的活动就会立即停止。持续30秒钟缺氧后，大脑细胞会开始被破坏。如果缺氧长达2~3分钟，大脑细胞将有不可再生的危险。如果中断大脑供氧4~6分钟，脑细胞就会被破坏至大量死亡。我们常听到的植物人，就是脑死亡的一种症状。

大脑轻微缺氧的症状

由于大脑对氧气的依赖性很强，所以即便是轻微缺氧，也会有敏感的反应。在轻微缺氧的情况下，脑细胞的分裂、增值减少，导致大脑体积减小，引发大脑神经的功能性障碍，如思维迟钝、头晕、疲惫等。

什么是有氧运动

定义：有氧运动是人在氧气功能充分的情况下进行的体育锻炼。有氧参与身体代谢，持续运动5分钟以上，仍能平稳呼吸、留有余力。

特点：可持续时间长，韵律感强，强度低，能量消耗速度慢。

优点：将氧气更快地传输到身体的每一个部位，增强心肺功能、优化心血管系统；可充分消耗体内脂肪，适合需要减肥的孩子；预防骨质疏松；调节心情。

种类：慢跑、游泳、跳舞、做操、打太极、骑自行车等。

有氧运动加强血液循环，为大脑输送更多氧气

2020年5月，加拿大阿尔伯塔省卡尔加里大学卡明医学院博士马克·J.保林（Marc J. Poulin）在《神经病学》杂志上发布了一项研究。这项研究共有206名成人参与，平均年龄为66岁，无心脏、记忆方面的病史。

在实验开始前，这些成人每周进行中等强度运动都少于4天，每次的运动时长少于半小时，或是每周进行高强度运动少于2天，每次的运动时长少于20分钟。研究人员对他们的思维、记忆分别做了测试，并用超声波记录了大脑中的血流状况。

实验刚开始，他们要坚持每周3天的有氧运动，单次时长为20分钟。随着体能的增强，单次有氧运动的时长增加到40分钟以上。此外，他们还被要求每周自由运动一次。

6个月后，研究人员对他们的身体与大脑重新测试后，发现他们在执行功能测试中的成绩提高了5.7%，口语流利度提高了2.4%，脑血流量增长了2.8%。人的大脑功能往往会随着年龄的增长而衰退，但持续性的有氧运动，需要大量呼吸空气，增加了血液和氧气的补给，大大改善了大脑活性。

常见的有氧运动项目有慢跑、游泳、骑自行车、打太极拳等。

剧烈的无氧运动会导致大脑缺氧

无氧运动，是指肌肉在"缺氧"的状态下进行的运动，一般难以按照一定的节奏正常呼吸。常见的无氧运动有快跑、短距离游泳、力量训练、平板支撑等。

由于无氧运动强度高、瞬间爆发力大，因此孩子长时间进行剧烈的无氧运动，就会出现大脑缺氧、心脏负担增大、心跳加快、头晕等现象。

如果孩子出现了以上症状，说明缺氧已经非常严重了，需要借助氧气袋或氧气瓶吸氧。建议孩子在进行剧烈的无氧运动后，不要立即坐下，可以慢走片刻，调整好呼吸节奏，以免出现低血糖、晕厥，损害心脏。

有氧运动和无氧运动如何区分

有氧运动和无氧运动的分界没有那么绝对,很多时候它们在运动过程中是交替出现的。比如长跑,我们常称为有氧运动,但如果到最后冲刺阶段,又变成无氧运动了。游泳也是如此,长距离的游泳是有氧运动,但到了冲刺阶段就是无氧运动了。我们通常说有氧还是无氧运动,主要是看有氧占主导还是无氧占主导。

培养运动平衡能力,刺激脑细胞连接

走路时被绊了一下,有的孩子晃了晃身体,找回了平衡,但有的孩子扑棱了半天还是摔倒了。这就是运动平衡能力发育的差异。

平衡能力是指控制身体重心,维持身体姿势的能力,有静态与动态之分。运动平衡能力就是指在运动过程中保持身体平衡的能力。

大脑的主要结构

大脑主要由端脑、小脑和脑干三部分组成。在医学及解剖学上,端脑常用大脑来指代。脑干包括延髓、脑桥和中脑。小脑位于颅后窝,延髓的背侧。

小脑负责控制运动平衡力

小脑是一个运动调节中心,是人体中最主要的平衡器官。小脑的主要功能是调节躯体平衡,调节肌紧张,以及协调随意运动。

如果小脑发生病变,患者就会出现平衡障碍。比如导致步履蹒跚,站立不稳,肢体活动不受自己的控制,以及肌肉张力下降,感觉身体软绵无力等。

小脑的病变还会使患者的语音、语调发生变化,比如说话拉长音等。

平衡能力差影响学习

孩子调节姿势、平衡身体，需要前庭觉系统、本体觉系统和视觉系统协同完成。所以如果孩子的平衡能力不好，意味着他的感统能力也存在一定失调。平衡能力不好的孩子往往不能自如地控制身体，在空间感知方面表现得力不从心。

例如，平衡能力较差的孩子在安静坐姿状态下学习时，总是忍不住动来动去，小动作特别多，学习效率不好。这是因为孩子在努力调整自己的姿势，找到一个身体平衡的状态，他才能把注意力集中到学习上。

锻炼运动平衡能力，促进脑发育

爱丁堡大学和英国医学研究理事会的研究者认为，大脑的反应力与平衡力之间具有相关性。

平衡能力强的孩子，对大脑的控制能力更强，空间想象力、抽象思维能力等都超乎寻常。这是因为孩子大脑中有过亿的神经细胞，但这些细胞大多是不连接的，在接受一定的刺激后才能建立连接。

而在幼年时期，孩子大脑受到的各种刺激，大多是通过平衡器官获取的。比如，当婴幼儿练习抬头时，不断连接在一起的神经将信息准确、快速地传递到大脑，大脑再对这个动作进行评估、反应。这个过程中，婴幼儿的平衡器官多次被刺激，促进大脑的智力发育。

不同年龄阶段孩子的运动平衡力标准

在不同的年龄阶段，孩子的运动平衡力有不同的发展标准，如表5-3所示：

表 5-3

3～4岁	能沿直线或在较窄的低矮物体上直行一段距离 能双脚灵活交替上下楼梯 能平稳地双脚连续向前跳
4～5岁	能以匍匐、膝盖悬空等多种方式钻爬 能助跑跨跳一定高度、距离 能追逐、躲闪 能连续自抛自接球
5～6岁	能在斜坡、荡桥上较平稳地行走 能手脚并用地爬攀登架、网等 能连续跳绳 能灵活躲避各种飞行物 能连续拍球

父母要抓住关键期，培养孩子的运动平衡能力，让孩子的大脑发育越来越完善。

锻炼运动平衡力的方法

锻炼运动平衡力的方法一般有两种，一种是借助器械的训练方法，如走平衡木、玩滑滑梯、走蒙氏线、滑板、蹦床、玩滑轮车等。另一种是不借助器械的训练方法，如玩木头人、模仿动物运动、老鹰抓小鸡等。帮孩子锻炼平衡力的具体方法如下：

交叉走直线

交叉走直线可以改善孩子的平衡能力，锻炼肢体双侧的协调能力。

父母将绳子平铺在地上，或者准备一根胶带，在地上贴出一条直线。让孩子双手叉腰，沿着直线，双脚交替前进，到达终点后再返回。

运送小棒

这个方法可以增强孩子身体核心的力量，增强本体感。本体感的增强会让孩子明确知道自己在什么时间做什么事，避免东一榔头西一棒子地胡乱应付。

父母准备一根小棒，也可用其他物品代替。让孩子坐在地上，身体微微向后躺，将物品放在双脚上，慢慢向前挪动屁股，运送过程中保证物品不掉落。

加强手指运动，刺激大脑的广大区域

日本著名儿科医生稻垣武说："让孩子积极使用双手，使手指的触觉变得敏锐，是促进大脑发育的重要刺激。"动手能力越强，大脑越聪明。

凭借超强动手能力走向成功的科学家

许多伟大的科学家并非天资过人，但从小锻炼动手能力，启发了他们的智慧，取得了异于常人的成功。

著名物理学家牛顿，在小时候就具有很强的动手能力，他常常制作出各种各样的工具和小机械装置，如风筝、风车和时钟等。

2014年获得诺贝尔物理学奖的科学家中村修二，坚持锻炼动手能力，研发了世界上第一束人造蓝光，被瑞典皇家科学院喻为"21世纪的爱迪生"。

麻省理工学院博士曹原，从小酷爱摆弄电子器械，2020年他在《自然》连发两篇论文，评选为年度影响世界的十大科学人物之一。

手是人体的"第二大脑"

手是人类重要的感知器官，在医学界被称为"第二大脑"。手部的发育状况，能反映出大脑的发育状况，正如教育学家苏霍姆林斯基所说："儿童的智力在他的指尖上。"

在基因学上，大鼠与人的基因结构仅有3%的差异，其中手部神经纤维的数量差异最大。大鼠前爪上仅有不到3万根神经纤维，而人类手部的神经纤维足有100多万根。密集的神经纤维将手与大脑相连，协同工作，完成精细的脑力运动。

不同的手部动作，对大脑的刺激程度不同

瑞典的专家研究了手指活动与脑血流量之间的关系，发现手指简单活动时，脑血流量比手指不动时增加了10%。孩子只要稍微做一些推、拉、捏、拔、拧等动作，就能刺激大脑神经，使得不同的神经元之间发生连接，创建负责信息传递的突触，形成一张巨大的脑内信息网。

如果手指做一些复杂、精细的动作时，脑血流量就会增加35%以上。这是因为复杂的动作需要人体器官的协调运作，受中枢神经、运动神经等共同支配。手指运动时，将会调动大脑发出指令，也就是对大脑中的广大控制区域产生了刺激，促进大脑思维功能的发育。

每个手指对应着特定的大脑区域

手指运动能促进大脑的功能发展，是因为人的每根手指都对应着一个特定的大脑区域。左手对应着右脑区域，而右手则对应着左脑区域。

左手拇指：对应右脑前额叶，影响大脑的高级认知功能，如动机、目标、创造力等。

左手示指：对应右脑后额叶，影响人的思维功能，如空间想象力等。

左手中指：对应右脑顶叶，影响知觉功能，如肢体节奏感等。

左手无名指：对应右脑颞叶，影响听觉、理解能力等。

左手小指：对应右脑枕叶，影响视觉功能，如识别力、图像观察力等。

右手拇指：对应左脑前额叶，影响高级心理功能，如判断、计划、管理、控制等。

右手示指：对应左脑后额叶，影响人的逻辑思维能力，如推理等。

右手中指：对应左脑顶叶，影响人的体感功能，如体感识别、方位判断等。

右手无名指：对应左脑颞叶，影响人的语言表达能力、记忆力等。

右手小指：对应大脑的左枕叶，影响人的视觉功能，如视觉识别、观察理解能力等。

0～6岁是手部刺激的关键期

研究发现，那些从幼年就开始接受系统训练的职业钢琴家，手指运动对应的脑区皮层比常人厚5倍左右。因此，父母要从小培养孩子手部精细动作的灵活性、准确性。

0～6个月的孩子

这个阶段，孩子的手部动作发展会从条件发射到自主地抓东西，到最终有控制地抓取东西。父母最好经常换一些不同的物品让孩子握在手中，也可以给孩子准备一些可以方便抓握的小玩具，增加不同的触觉。

6～12 个月的孩子

这个时期，孩子对手部的控制更加熟练。有些孩子还特别喜欢撕纸、扔东西，这都是他们在无意识的锻炼手部精细动作的表现。

父母可以引导孩子的小手做各种动作：拿、放、敲、扔、移、转、撕……左手换到右手，反复触摸物体，促进手眼协调能力。

1～3 岁的孩子

此时，孩子的手部已经相对灵活了，能够做到用勺子吃东西等手部动作。父母可以让孩子自己吃饭，自己穿衣，自己收拾玩具，还可以给孩子准备积木类的玩具，提高孩子的动手能力。

另外，父母还可以设计多种道具，让孩子充分利用手指做各种控制运动。如穿洞、翻书、数豆子、插花、拼图、玩橡皮泥等。

3～6 岁的孩子

年龄更大的孩子，大脑和手部配合能力更强。父母要注重锻炼孩子脑部思考与手部动作的结合，比如剪纸、书法、弹奏乐器等。

手部的动作越复杂、越精细，越能激发大脑的活力，对于孩子的智力发育有很大的益处。

练习手指操，刺激孩子大脑发育

孩子在 3 岁时，大脑发育就能达到成年人的 80% 左右。父母要抓住大脑发育的关键期，引导孩子多做灵活的手指运动。

双手交替摸鼻耳

双手胸前击掌后，左手摸鼻子，右手摸左耳。再击掌，右手摸鼻子，左手摸右耳。交替练习，由慢至快。

对接手指练习

双手张开，用两个大拇指分别、依次对接另一只手的其他手指。

具体操作如下：

右手大拇指轻点左手示指→左手大拇指轻点右手示指→右手大拇指轻点左手中指→左手大拇指轻点右手中指……→右手大拇指轻点左手小指→左手大拇指轻点右手小指。循环练习，在对接准确的情况下加快触碰速度。

手指敲击训练

为手指编上1～10的号码，比如，左手大拇指是1，依次到5，右手大拇指为6，依次到10。然后，在纸上写下乱序的1～10的数字，如9、3、7、10、2、5、8、4、1、3、6。根据这组数字，用对应的手指依次敲击桌面，能协调左右脑的反应力。

手指弯曲训练

除大拇指外，其他手指都有三节，自上而下分为第一节、第二节、第三节。

让手指从第二节、第三节的关节处弯曲为九十度，同时让第一节、第二节保持在一条线上，不能弯曲。手指的第三节与手背在同一个平面上。一个手指能单独完成后，可同时训练其他手指一起做。

做完手指操后，手指发酸，可以用"拳掌变化练习"活动一下。

双手握拳，从大拇指开始，依次打开其他手指，变成手掌。再从小指开始，依次闭合手指，握成拳头。反复练习，不断加快速度。

我国著名的教育家陶行知先生说："人有两件宝，双手和大脑，大脑会思维，双手会创造。"多多锻炼动手能力，刺激大脑发育，就能提高孩子的智力水平，激发孩子的创造力。

有益大脑的长跑，重要的不是速度而是尽力

动画片《强风吹拂》中，清濑灰二问："你长跑是为了什么？难道只是为了速度吗？如果速度是衡量一切的标准，那我们干吗要去跑步呢？直接坐新干线、坐飞机，岂不是更快！"

长跑中最重要的不是"跑得快"，而是尽力一直跑下去。约翰·瑞迪在《运动改造大脑》的开篇就强调了"尽全力比跑得快更重要"。

尽力奔跑的孩子，运动能力更强，成绩更好

菲尔·劳勒是芝加哥内帕维尔 203 学区的一名初中体育教师，他发现大多数学生不爱运动后，开设了一套"新体育教育"课程。他要求所有学生在一周一次的体育课上跑完 1600 米，学生在长跑时需要佩戴心率监测仪。

每个学生的得分不再由技能、速度等决定，而是由个人努力程度来决定，也就是运动全程的数据。劳勒说："任何一个想要获得 A 的学生，只要努力，他就能够得到 A。"

一个六年级女孩的运动数据显示，她的平均心率高达 187 次。一个普通的 11 岁女孩，长跑时的心率可能会达到 209 次左右。而瘦弱的六年级女孩，在越过终点线时，心率达到了 207 次，这意味着她在长跑全程中都几乎保持着全力冲刺的状态。

劳勒说，如果是以前，他看到女孩跑得这么慢，可能会让她跑快点。但经过这个体育课程后，他不再以专业运动的标准去评判孩子，而是鼓励所有孩子都尽力地跑起来。

内帕维尔高中的体育老师邓肯借鉴了劳勒的经验，他让学生每

天早上先上一节"学习准备型体育课"，跑完 1600 米，平均心率要达到 185 次以上，难度很大。

尽力完成目标的高中生，阅读能力提高了 17%，而那些上常规体育课程的高中生，阅读能力只提高了 10%。

不仅如此，长期坚持学习准备型体育课训练的这些学生，在 TIMMS 国际数学与科学测试中获得了优异的成绩，他们的科学成绩考到了世界第一名，数学成绩考到了世界第六名，远远超过美国的平均水准。

尽力长跑，增强心肺适能，让大脑的专注力与抗疲劳能力变得更强

2016 年，一家美国的医学研究机构发表了一篇文章，揭示了心肺适能与大脑之间的联系。

心肺适能，是指心脏与肺吸收氧气，将氧气输送到各处组织细胞并加以使用的能力。心肺适能好的孩子，运动耐力较强，不易疲倦，平时的思考时间更长，更有效率。尽力长跑的孩子，不断突破自己的运动极限，心肺适能会更胜一筹。

堪培拉大学的一项研究发现，专业运动员在特定的认知任务中的正确率明显高于业余选手。这是因为他们经过不断的训练，增强了极限能力，大脑具备了更强的专注度。而且，专业运动员在身心疲惫的情况下，仍能保持更强的运动能力与思考能力，抗疲劳能力更强。

"尽力"的判断标准——"感知用力程度计量表"

感知用力程度计量表（Rating of Perceived Exertion）（RPE），也称主观用力程度分级表，由瑞典心理学家 Gunnar Borg 创立。它是一种通过主观的自我感受来评估运动强度的工具，通常分为 20 个等级，每一级对应着不同的身体状态和运动强度。如表 5-4 所示：

表 5-4

RPE	主观运动感觉	对应参考心率（次/分钟）
6	安静，不费力	静息心率
7	极其轻松	70
8		
9	很轻松	90
10	轻松	
11		110
12	有点吃力	
13		130
14		
15	吃力	150
16		
17	非常吃力	170
18		
19	极其吃力	195
20	筋疲力尽	最大心率

通过 RPE 的量级标准，我们可以更好地感知、调整运动对身体的压力。

如果孩子跑步时，感到十分轻松，心率维持在 90 次/分钟左右，RPE 值就为 9～11，属于强度较小的长跑。如果孩子长跑时，感到极为吃力了，就达到了很高的运动强度，需要放缓跑步节奏，适当休息。

达到新的强度标准时，身体是非常敏感的，会产生大幅的超量恢复。超量恢复，是运动后能量恢复的一个过程。长跑中，孩子多次超越极限的负荷训练所消耗的能量、各项机能逐渐恢复甚至超越原来水平。

著名的臀部训练专家布雷特·孔特雷拉斯说:"训练中的最后五次重复,为训练效果提供了最大的帮助。"长跑也是如此,最后难以坚持的跑程,对健身、健脑的作用是最大的。

通过运动开发身体的潜能,也是在刺激大脑释放能量。尽力而跑,超越极限,孩子的大脑将会有许多不可思议的突破。

心率计算运动强度公式

约翰·瑞迪在《运动改造大脑》一书中,将运动划分为3种类型:心率达到最大心率的55%～65%的低强度运动、心率达到最大心率的65%～75%的中等强度运动、心率达到最大心率的75%～90%的高强度运动。

最大心率通用的计算公式:最大心率=220－自己的年龄。另外,我们还能通过心率监测器,确定某项运动的强度。

有氧运动和技巧运动相结合才完美

孩子做运动,既能锻炼身体,又能锻炼大脑。可哪些运动最有用呢?《运动改造大脑》这本书指出,兼做有氧运动与技巧运动的孩子,头脑最灵活。

什么是技巧运动

定义:技巧运动,是以平衡、翻滚等动作为基础,完成特定造型的体育项目。

特点:对力量、协调性、柔韧性的要求较高。

优点:平衡孩子身体的协调性;锻炼反应能力;减轻压力,增加抗压性;提升自信心。

种类：技巧运动有个人与多人之分。个人技巧运动包括滑冰、游泳、射箭、跨栏等，多人技巧运动包括团体体操、排球、网球、篮球等。

技巧运动刺激神经元，益智作用明显

大脑的认知、记忆、计划等功能，主要是利用外界的刺激让神经元生长、分化，传递信息之后激发出来的。因此，增加多元化的运动刺激，更能帮助大脑神经元的发育。

被知名医学期刊《柳叶刀》称为动力黏度（CP）值最高的挥拍运动（动力黏度是应力与应变速率之比），如乒乓球、羽毛球、网球等，就是一种技术含量较高的复杂运动。球的落点、球拍的角度、战术与调度瞬息万变，给人的反应时间极短。

孩子在做这类技巧运动时，需要不断用脑思考如何调动身体的多个部位，及时做出判断与反应。大脑神经元传递信息的效率、连接的复杂程度提升，大脑功能自然就强化了。

技巧运动与有氧运动结合，是最好的运动方式

美国科学家指出，规律的有氧运动和有一定技巧性的复杂运动相结合，最能起到锻炼大脑的作用。

技巧运动固然能刺激大脑神经元，但脑组织没有能源储备的功能，想让脑细胞正常工作，神经元生长、连接，就必须源源不断地输入氧气和葡萄糖。而血流是输送氧气和葡萄糖进入大脑的唯一途径，有氧运动正是发挥着这样的作用。

美国著名的心理学家詹姆斯·希尔曼（James Hillman）曾调查过259名三年级和五年级的小学生，发现有氧体适能越高的孩子，数学与阅读的成绩越好。这是因为有氧运动增加了脑血流量，利于改善大脑功能。对于学习任务重的孩子来说，他们需要更多的氧气和葡萄糖，在学习之余增加有氧运动与技巧运动的锻炼，可以提高用脑效率。

如果将有氧运动与技巧运动融合，在增加脑血流量的基础上，强化神经元连接，必然能大大增强大脑功能。

10 分钟的有氧运动 +20 分钟的技巧运动

孩子在做有氧运动时，氧气会优先供应四肢所需，此时不便于思考。在进行 10 分钟的有氧运动之后，保证心率有所提升，血流供应量充足时，休整一下，再进行 20 分钟的技巧运动，如"10 分钟慢跑 +20 分钟跳舞"。这样，大脑才能在足够的氧气供能下，被充分刺激、优化。

刚开始，可以选择轻度有氧运动和多人型技巧运动。有氧运动不必要求一定的运动量和时间，只要能达到孩子最大心率的 75%～80% 就足够了。最大心率可以用心率测量仪来监测，约为 220 减去孩子的实际年龄。选择多人型技巧运动，是因为与同伴一起运动，能锻炼孩子的社交能力，既增加了运动的愉悦感，又刺激了大脑回路增加。

在孩子运动的"敏感期"，给大脑不同的刺激

每当孩子接触一个新运动时，他们的大脑就会开始扩张，长出新的神经元。只要外界的刺激不停，孩子的大脑就会不断进化，产生结构性的改变。在运动敏感期，进行重点的训练，非常有利于激发出孩子的某项运动素质。

运动敏感期

运动敏感期,是指运动特定能力和素质发展的最佳时期。每项运动素质都有各自发展的敏感期,这个时期内对应的素质能力发展相对迅猛,如速度、耐力、力量、协调性等,如表5-5所示:

表 5-5

运动素质	敏感期
柔韧	5～12岁
灵敏	7～14岁
速度	9～12岁
力量	11～16岁
耐力	12～16岁
协调能力	一般协调能力:6～9岁;专项协调能力:9～12岁

孩子的运动敏感期主要集中在儿童、少年时期。14岁之前,孩子的身体正处于发展状态,借助专项运动能很好地促进身体机能的发展,满足大脑不同功能的发育需求。14岁以后,孩子的大脑与身体开始逐渐定型,即使开展大量的运动训练,也难以与在运动敏感期进行专项训练相提并论。

运动敏感期是根据青少年生长发育的普遍规律,总结出的借鉴性判定指标,适用于大部分孩子,但也会存在个体差异,需要根据孩子的发育情况来判别。

柔韧素质训练

5～12岁,是孩子柔韧素质发展的最佳阶段。在男子19岁、女子20岁时,柔韧素质能达到最高均值,以后便会趋于稳定、有所下降。在15岁以前，女孩的柔韧素质普遍明显高于男孩。

总之，年龄越小，柔韧训练的效果越好。父母要从小抓起，尤其是在孩子5～12岁的阶段，要加强孩子的柔韧训练。拉伸、瑜伽、舞蹈都属于柔韧训练，能提高神经系统与肌肉组织的协调性。等孩子年龄稍大一些，可以适当地将柔韧训练与肌肉力量练习相结合。

灵敏素质训练

7～14岁，是孩子的灵敏协调能力发展的关键时期，大脑皮层和中枢神经系统会逐渐发育成熟。当然，也有部分孩子在15岁左右才达到协调性发展的高峰。有些孩子在进入青春期后的几年内，协调能力可能会表现得极不稳定，主要是受到心理因素和内分泌变化的影响。

灵敏素质在7～10岁的增长速度最快，此时应适当偏重灵敏性训练。灵敏性训练有闭式灵敏性训练方法与开式灵敏训练方法之分。

闭式灵敏练习可在较高的运动速度下进行，要求孩子能控制好练习速度。如围绕"之"字形或"Z"字形锥型物穿梭跑，按照特定的运动路径来改变自身的运动方向。

开式灵敏练习是指球类、搏击类等运动，孩子必须根据未知的运动状况，调动听觉、视觉，做出瞬间的判断。

速度素质训练

9～12岁，要注重训练孩子的运动速度和运动频率。想要充分调动孩子的动作频率，可以采用法特莱克训练法、斜坡训练、接力跑等运动方法。

法特莱克训练法是一个适合任何水平跑步者的速度训练游戏。

先匀速慢跑 5 ~ 10 分钟，再朝着一个目的地快速跑步。到达目的地之后，减速慢跑，接着确定新的目标快跑。尽力训练多次后，慢跑 5 ~ 10 分钟帮助身体冷却。

斜坡训练的方法十分简单，找一个斜度不太大、表面平坦的斜坡，至少能让孩子跑满 1 分钟。先慢跑 10 分钟热身，再自下而上冲刺跑完斜坡，从斜坡慢走下来，重复练习即可。

力量素质训练

女孩力量发展的敏感期在 11 ~ 15 岁，而男孩稍晚一些，在 12 ~ 16 岁。

力量运动应该有针对性地选择一些上下肢、躯干的运动，如举重、俯卧撑、蛙跳、引体向上等。常见的负重抗阻力运动，有哑铃、沙包负重等；还有克服弹力运动，如拉力带、拉橡皮条等；还能利用沙地、水等环境阻力来增强力量训练。

但孩子初期的力量素质较差，适宜采用负荷小、速度性力量运动。力量运动只需起到提高神经系统改善肌肉协调能力的作用，因此要避免过重的负荷运动和长时间的静力紧张练习，防止肌肉、关节损伤。

耐力素质训练

进入青春期后，孩子的心肺发育迅速，10 ~ 11 岁、13 ~ 14 岁的孩子，摄氧量增大十分明显。14 岁左右的孩子，心血管功能就趋近于成人水平。

耐力分为有氧耐力和无氧耐力。有氧耐力的一般耐力，敏感期在 12 ~ 14 岁，专项耐力的敏感期则在 15 ~ 16 岁。孩子要以固定式自行车、仰卧起坐、爬山等有氧耐力练习为主。

无氧耐力是在青春期的后期才开始快速发展的,敏感期在15～16岁。无氧耐力训练大约保持在1分钟,持续剧烈的运动,如快速的间歇跑、400米跑、对抗性球类等。

协调力素质训练

协调能力,简单来说,就是身体的灵活性和支配能力,考验孩子身体统合神经与肌肉系统的配合程度。进行协调能力训练,可以充分调动孩子整个大脑的细胞,强化孩子的形象思维与抽象思维。

协调性发展的敏感期在10～13岁。6～9岁时发展一般协调能力,9～12岁发展专门协调能力。13～16岁时孩子处在青春期,受到心理因素与生理因素的影响,协调能力可能会下降,因此需要特别注意,提高动作的准确性和熟练程度。

父母可以让孩子多练习能跨越身体中线的运动,如开合跳、侧滑步、花样爬行、踮脚走直线等。这类小运动,可以帮助孩子强化人体中央轴的意识,使他们的身体处于平衡状态,更好地锻炼协调能力。

团体运动和个体运动,怎么选

随着"双减政策"的推进,孩子的课余时间明显增多。父母陷入新的焦虑,如何为孩子选择更好的运动项目?个人运动、团体运动,哪一种运动才是孩子的最佳选择呢?

什么是团体运动

团体运动是指在团体领袖的指导和带领下,多人参与的运动。成员们有共同的运动目标,每个人的能力和技巧如何并不重要,参与度、配合度才是最重要的。

团体运动是建立在集体的原则之上，故又称"集体运动"。如乒乓球混合双打、三人篮球、足球、团体体操等，在这样的运动中，孩子们互帮互助，相互配合，为了集体荣誉而战，对孩子的成长十分有益。

什么是个体运动

个体运动是指独立的个体自身完成的体育运动。团体运动以外的运动，都属于个体运动，如跑步、瑜伽、打太极、攀岩、壁球等。另外，部分需要教练指导甚至陪伴的运动，如举重、滑雪、跳伞，也属于个体运动。

个体运动能给每个运动员带来独特的感官体验，重在提升运动员自身的能力素质。

哪些孩子适合团体运动

缺乏集体意识的孩子

孩子好胜心强，很容易在运动中激发出竞技精神，而团队精神往往被父母和孩子忽视。但对习惯独自运动的孩子来说，特意参加团队运动，培养团队精神是非常必要的。

团体运动中，团体的目标能转化为个人目标，让所有运动员统一"战线"。这种目标的同一性，早在公元前就被展现出来了。战国时期兴起的"蹴鞠"游戏，后传入中世纪的欧洲，始终是城乡人民睦邻友好的感情纽带。

一致的运动目标和拼搏有爱的团队氛围，能催生孩子的归属感，驱动精神、肢体加入团队训练。当孩子在团体运动中找到自己的位置，意识到自己的重要性后，积极的自我反馈机制就被触发。孩子们会达成一个共识——胜利必须依靠团体才能取得。如果有孩子不顾全大局，就会被其他成员或教练教育，以此唤醒孩子的集体意识。

规则意识弱的孩子

部分孩子的规则意识弱，但他们迟早要融入群体生活，遵循各种规则。虽然日常生活中的规则很多，但违反规则的惩罚机制不够严厉，难以让孩子意识到规则的重要性。

规则严格是团体运动的特征之一。在团体运动中，违规判罚将直接影响团队荣誉，敲醒孩子的警钟。如果孩子谨记规则，并时刻约束自己的行为，与队友们一同赢得荣誉，就能形成规则养成的激励机制。

需要改善社交能力的孩子

团体运动是一种运动社交，增加了孩子接触不同性格的人的机会，有利于增强孩子人际交往能力。

与队友配合，共同完成团体运动的过程中，孩子需要不断地交流、学习运动技巧。在轻松自由的运动社交氛围中，孩子的听觉注意力、视觉记忆力和前庭功能等能力得到锻炼，建立起社交记忆的神经回路，同时缓解了焦虑、自卑等情绪，能帮助孩子以后更好地融入社交中去。

情绪管理能力较弱的孩子

如果孩子没有良好的情绪管理能力，很容易在团体中与人发生冲突。团体运动可以帮助孩子增强忍耐力，平复情绪的变化，沉着接收其他队员传递出的运动讯息。

人在潜意识中会寻找冲突的刺激，而团体运动能平息这种特殊的心理需求。1848年，剑桥大学的学生们撰写了足球运动史上第一部成文规则《剑桥规则》，让"友谊式足球"传播开，足球很快就成了学生无暴力解决冲突的一种方式。

华盛顿大学医学院心理学教授迪安娜·巴克在《生物精神病学：认知神经科学与神经成像》上发布了一篇研究，表明参加团体运动有助于降低孩子抑郁风险，塑造好性格。

这项研究收集了4191名9~11岁美国青少年大脑的样本，根据父母提供的运动情况与抑郁症状的信息，分析得出结论，与不爱运动和经常独自锻炼的孩子相比，经常参与团体运动的孩子海马体体积较大，抗抑郁能力较强。

华盛顿大学圣路易斯医学院教授格雷戈里·B.库奇指出，团体运动可成为预防和治疗儿童抑郁症的新途径。

个体运动适合培养孩子的专项运动素质

一般来说，团体运动的强度大、持续时间长，不适合低龄、运动素质发育不全的孩子。而跑步、跳绳、舞蹈等能自由调控强度的个体运动，对他们更有益。

而且，个体运动重在拓宽孩子的运动认知，提升专项运动素质。河北师范大学教授赵焕彬说："幼儿功能性运动教育，应当依据幼儿的生长发育、动作发展规律，展开一种有意识、有目的、系统化的运动教育。"也就是说，不同年龄段的孩子，需要侧重学习某一项运动，进而提升某一项运动素养。否则，容易出现拔苗助长的情况。

现代奥林匹克之父顾拜旦曾说过："体育运动究竟该像俱乐部活动，还是该像军队征兵一样，这并不重要，重要的是无论哪种形式都强调参与。"团体运动也好，个体运动也罢，只要选择适宜，就有利于孩子的成长。

第六章 改造孩子大脑的运动计划

为学业重的孩子制订运动计划

对学习任务重、压力大的孩子来说,运动是最有效的缓解方式。合适的运动,不仅能让大脑得到短暂的休息,还能让孩子重新焕发活力,更好地完成学业任务。

运动真的耽误学习吗

孩子学习任务重,每天有写不完的作业,哪里有时间运动?为了避免耽误孩子学习,有些父母不得不压缩孩子的运动时间。那么,运动真的会耽误孩子学习吗?

土耳其科学家以平均年龄为6.1岁的孩子为研究对象,发现他们在校期间进行运动、游戏的时间延长后,阅读能力有所提升。

西班牙的研究人员又以9~12岁、13~16岁的孩子为研究对象,发现他们的运动量增加后,语言能力和数学成绩也有所提升。

可见,运动不仅不会耽误孩子学习,相反,有益于学习。比如,早起运动能帮助孩子变得清醒,注意力更加集中。

运动不仅能让大脑得到充分的休息，还能增加大脑的能量供应。许多学霸都是运动场上的健将，他们的身体素质好，心肺功能强，完全可以支撑耗能高的大脑全力运转。所以，学习任务越重，越要加强运动。

坚持一两个运动类兴趣班

为了让孩子全面发展，许多父母为孩子报了一个又一个的运动兴趣班。但繁多的兴趣班对孩子来说，也是一种压力。因此，父母要筛选出最适合孩子的运动兴趣班。

建议父母与孩子一起多多尝试多样化、运动量小的运动，如乒乓球、台球、快走等，增加运动的趣味性。

如果孩子找到了自己钟爱的运动项目，父母可以在征得他们的同意后，为他们报名参加一两个运动兴趣班。既能保证一定的运动时长，还能让孩子定期训练大脑，消除学习带给大脑的疲劳感，做到劳逸结合。

步行上下学

学业重的孩子，没有太多的空闲时间，将琐碎时间利用起来进行运动，也不失为一个好计划。如步行上下学，就对孩子的健康有诸多益处。

有些孩子吃得好，运动少，容易造成肥胖，步行上下学能适当增加一天的有氧运动量，消耗脂肪。不仅如此，步行上下学时，孩子的运动环境一直处于变化中，与爬山、在公园跑步有异曲同工之妙，能有效缓解学习压力。

站着晨读

学生一天之内静坐的时间能达到 8 小时以上，长期坐着容易出现身心疲劳、肌肉损伤、下肢静脉血栓等问题。因此，最好能在合适的学习时间里，养成多站、多走的习惯。

站着晨读，有利于全身血液循环，使孩子的神经系统保持兴奋，增强记忆力和注意力。而且站着晨读，能帮助孩子尽快排出体内的废气，呼吸新鲜空气，促进新陈代谢。

利用好课间 10 分钟

一节课长达 40 分钟以上，孩子的用脑时间过长，就会缺氧、疲惫，使学习效率大打折扣。利用好 10～15 分钟的课间，做一些轻松的运动，能改善学习效果和身体健康。

（1）服从学校安排，做广播操或眼保健操，进行放松。

（2）远眺室外。观望远近的树木、建筑等，放松眼部肌肉，预防近视。

（3）做负荷小的运动。孩子可以在课间散步、慢跑，调整好自己的呼吸节奏，辅以摆臂动作，活动全身部位，促进血液循环。冬天可选择踢毽子、跳绳等运动。

每天在固定的时间进行运动

学习任务紧凑，不代表没有时间运动。只要能合理安排时间，就能保证运动的时间。比如将放学后的 1 小时内，或是周末确定的 2 小时定为运动的固定时间。让孩子随机选择有趣、易行的项目，与伙伴们一起运动。

制定详细可行的运动计划时间表

运动计划详细一点，更容易被执行。父母可以协助或者鼓励孩子制定一个运动计划表，督促他自己每天进行运动。如表 6-1 所示：

表 6-1　40 分钟运动计划表

运动步骤	
准备（3分钟）	活动关节：头、颈、肩、臂、腰、膝、踝。8拍每组，完成4组
热身（5分钟）	高抬腿、开合跳、并腿左右跳，前后弓步跳，每个动作20次，间隔踏步10秒
体能（20分钟）	深蹲30次每组，2组 平板支撑50秒每组，2组 仰卧起坐30个每组，2组 跳绳120个每分钟，2组
球类（10分钟）	篮球、足球、排球、羽毛球等，自由选一项 5分钟/组，2组
拉伸（3分钟）	伸展性动作。手臂拉伸、膝盖拉伸、腹部拉伸、小腿拉伸等

时间充裕的情况下，父母可以与孩子一起进行锻炼，或是用"比赛"的形式完成这些运动，以确保孩子的运动量。

为精力旺盛的孩子制订运动计划

许多顽皮的孩子身上仿佛有用不完的能量，总能嬉闹不停。当孩子精力旺盛时，父母要适当引导，让孩子尽可能多地参加运动，释放出多余的精力，锻炼身体与大脑。

孩子的抗疲劳能力强，体能恢复速度快

美国期刊《生理学前沿》发表了一个法国克莱蒙奥弗涅大学和澳大利亚埃迪斯科文大学联合的研究。

研究人员招募了12名铁人三项、自行车、长跑的国家级男性运动员，12名极少进行剧烈运动的成年男性，12名平均年龄为10岁半的男孩。研究人员让这3组参试者分别做两组7秒钟自行车冲刺骑行，再连续30秒快蹬自行车。

运动结束后，研究人员检测了他们的心跳和乳酸水平。乳酸是运动后大量分泌的化学物质，会产生肌肉疲劳感。

结果显示，与极少进行剧烈运动的成年男性相比，孩子在运动中通过有氧代谢为身体提供的能量更多，甚至能与专业运动员水平相当。这是因为孩子的身材瘦小，肌肉距离心脏较近，而心脏会泵出富含氧气的血液，孩子能够更多地运用有氧新陈代谢，更能有效地利用氧气。

运动之后，孩子体内分泌的乳酸含量更少，血乳酸清除能力甚至比专业运动员还要好。而且，他们的氧摄取速度和心率恢复速度都明显优于未经训练的成年人，甚至可以超越专业运动员。

实验证实，孩子就是天生的运动员，在高强度运动中也不容易感到疲累，还能快速地从疲劳中恢复体能，所以才会出现精力旺盛的现象。让孩子通过运动释放多余的精力，有利无弊。

不同年龄层次的孩子释放精力的运动计划

不同年龄阶段的孩子，每天大概需要多少运动量？

0～3岁的孩子

这个年龄段的孩子，适合用大运动来消耗精力。

大运动是指运用手臂、腿部力量进行的运动，如走、跑、跳等需要带动全身的动作。让孩子练好基础的大运动，才能为做精细运动做准备。父母可以引导孩子做趣味爬行、户外探险、老鹰抓小鸡等运动。

3~6 岁的孩子

3 岁以上的孩子，应保证每天 60 分钟以上的户外运动，以提高孩子体能和协调控制能力为主要目的。攀爬、跳跃、球类、平衡性训练都可以让孩子开始接触、学习，如舞蹈、跆拳道、足球、游泳等。

6~10 岁的孩子

上小学后，孩子的运动素质开始快速发展。除了选择步行上下学、参与家务劳动这类生活化的运动，孩子还适合参加利于记忆力、注意力、控制力发展的运动。每周至少进行 2~3 次的有氧运动，如快走、跳绳、球类运动等。

随着运动体能和安全意识的增强，可以让孩子适当接触专业运动，培养运动兴趣。如滑雪运动、田径运动、跳水运动等。

10 岁以上的孩子

10 岁以上的孩子，骨骼与肌肉发育加快，需要的运动量也随之增大。如果精力充沛，可以进行一些轻负荷的负重练习和力量训练。比如，每天可以进行 60 分钟或更长时间的中高强度身体活动，跑步、跳跃、轮滑、长跑等，不仅能帮孩子释放精力，还能保护视力，促进身高发育。

适度消耗精力≠运动过量

虽然孩子精力旺盛，但并非运动量越大越好。尤其是青春期以前的孩子，身体发育以骨骼生长为主。过量、过早的力量运动会危及身高发育。因此，父母要避免孩子运动过量的现象发生。

孩子运动过量的表现：

（1）根据运动状况来判断。如果运动量适宜，孩子运动时面色红润，动作有力，情绪愉悦。如果孩子表现得很亢奋，但出汗过多，面色泛白，开始头晕、胸口不适、四肢无力，就表明运动负荷过大，精力所剩无几了。

（2）根据孩子的心率来判断。孩子在运动后，平复下来的心率比没运动前增加了 5～10 次/分钟，就可能是消耗过度，易有疲劳感。如果连续几天持续增加，就会疲劳累积，应尽快减少运动量。

（3）根据孩子运动后的状态来判断。消耗了多余的精力，孩子在运动后的食欲会更加旺盛，睡眠质量更好，睡醒后活力四射。但如果精力消耗过度，孩子就会食欲不振，睡觉不安稳，精神不佳，还可能有关节疼痛、韧带拉伤的现象。

如果孩子出现以上症状，即使他表现得很精神，也需要及时停止运动，进行调整、休息。

为体重超标的孩子制订运动计划

每年的 5 月 11 日是世界防治肥胖日，有数据显示，我国 6～17 岁的孩子超重肥胖率高达 19%，相当于"每 5 名孩子就有 1 个小胖墩"。体重超标，将会对孩子的发育产生许多负面的影响。为了让孩子健康成长，运动减肥成了一股势不可挡的风潮。

用 BMI（体重指数）判断孩子是否超重、肥胖

12 岁的男孩，高 175 厘米，体重 96 公斤，一运动就上气不接下气，这明显是严重超重。但有些孩子只是看着胖一些，并不一定达到了超重、肥胖的标准，建议参照标准体重来衡量。

学龄前儿童（0～6 岁）

标准体重（kg）= 实际年龄 ×2 + 8

如果孩子的实际体重超过了标准体重的10%，就视为超重。如果超过20%，就属于肥胖。

学龄儿童、青少年（6～18岁）

世卫组织建议使用BMI（体重指数）来衡量6岁以上孩子的体重。

BMI= 体重（kg）÷ 身高（m）^{2}

不同年龄、性别的孩子，标准体重指数参照值不同，可参考国家卫生健康委员会发布的《学龄儿童青少年超重与肥胖筛查》标准。如表6-2所示：

表6-2　学龄儿童青少年超重与肥胖筛查

年龄（岁）	男孩		女孩	
	超重（BMI）	肥胖（BMI）	超重（BMI）	肥胖（BMI）
6	16.4	17.7	16.2	17.5
6.5	16.7	18.1	16.5	18
7	17	18.7	16.8	18.5
7.5	17.4	19.2	17.2	19
8	17.8	19.7	17.6	19.4
8.5	18.1	20.3	18.1	19.9
9	18.5	20.8	18.5	20.4
9.5	18.9	21.4	19	21
10	19.2	21.9	19.5	21.5
10.5	19.6	22.5	20	22.1
11	19.9	23	20.5	22.7
11.5	20.3	23.6	21.1	23.3
12	20.7	24.1	21.5	23.9
12.5	21	24.7	21.9	24.5
13	21.4	25.2	22.2	25
13.5	21.9	25.7	22.6	25.6

（续表）

年龄（岁）	男孩		女孩	
	超重（BMI）	肥胖（BMI）	超重（BMI）	肥胖（BMI）
14	22.3	26.1	22.8	25.9
14.5	22.6	26.4	23	26.3
15	22.9	26.6	23.2	26.6
15.5	23.1	26.9	23.4	26.9
16	23.3	27.1	23.6	27.1
16.5	23.5	27.4	23.7	27.4
17	23.7	27.6	23.8	27.6
17.5	23.8	27.8	23.9	27.8
18	24	28	24	28

举例来说，一个13岁的女孩，身高1.6米，体重60公斤，则BMI=60÷（1.6）^{2}=23.4375。对照BMI表来看，数值介于超重值和肥胖值之间，属于超重。

运动不足的孩子更容易超重

孩子超重的原因很复杂，可能与遗传基因、运动、膳食、睡眠等诸多因素都有关。北京大学儿童青少年卫生研究所所长马军表示，运动不足的孩子更容易超重，因为热量消耗太少。

一般情况下，孩子摄入的能量基本都能被消耗完，细胞中的脂肪、糖类、蛋白质等能量物质的输入与输出呈动态平衡的状态。运动量少时，细胞中的能量过剩，就会转化为脂肪，脂肪越多，体重越重。

首都医科大学附属北京儿童医院临床营养科主任闫洁发现，大部分胖孩子都是脂肪超标，肌肉很少。脂肪是能量的一种储存方式，肌肉则是消耗能量的，所以通过运动能增加肌肉，也就是增加能量消耗，从而减少脂肪，降低体重。

运动项目推荐：

健步运动

健步运动，也称健走运动，是在户外进行的，是以尽可能快的速度走路，速率一般保持在每小时 5.4～6 公里。健步时，孩子需要利用手臂摆动、扭腰、左右摆臀调动全身，让跨步变得轻快。步子尽量迈大，13 岁以上的孩子单步应不小于 70 厘米。上身略微前倾，头微扬；双臂尽力向前、向上摆动。行走中，身体重心由脚跟移至脚尖，稳健有力。

超重的孩子刚开始练习健步运动时，每天坚持 10 分钟即可，步行 1 公里。然后，慢慢增加里程数。

10 岁以下的孩子，可以每天健步 40 分钟，步行 4 公里。10～13 岁的孩子，可以每天健步 50 分钟，步行 5 公里。13 岁以上的孩子，可以挑战持续 1 小时以上的健步运动。

爬楼梯

研究发现，爬楼梯消耗的能量可以达到游泳的 3 倍以上，这是因为爬楼梯时需要孩子克服自身的重力。如果孩子体重基数太大，可以先从少量楼层开始，每次爬楼梯 30 分钟，每天 1～2 次。如果负荷太大，每爬满 10 分钟，可以休息几分钟。待孩子适应以后，再逐渐增加楼层数。

游泳

游泳也是一种适合超重孩子的运动方式。在阻力较大的水中进行运动，消耗的热量会比在陆地上运动消耗的热量多一些。而且，游泳相比其他运动，形式更加多样，更具有趣味性，适合不常运动的孩子。

蛙泳：动作难度小，耗能也小，是孩子入门游泳的最佳选择。

自由泳：是运动员们最常用的姿势，难度最小，但速度最快，消耗的体能稍高。

蝶泳：动作难度最大，消耗体能最多，速度可快可慢。

需要注意的是，在游泳之前，孩子需要做好全身的热身活动，防止四肢抽筋。

为了达到减脂增肌的效果，孩子一周至少游泳3次，单次时间不少于30分钟。体能增强后，可增加至每周游3～4次，单次游60～70分钟。因为前30分钟内，脂肪燃烧没有达到高峰，30分钟后才开始高速消耗脂肪。

儿童减肥操

儿童减肥健身操对肥胖程度不同的孩子都有很好的瘦身效果，而且孩子的抵抗力和承受力相对弱一些，更适合这种强度可以自由选择的运动。另外，不同跳法的减肥操还能调动孩子的兴趣，促进孩子的智力发育。

腰部减肥操：让孩子仰卧在瑜伽垫上，用两手肘和双脚支撑起身体，同时使头向后仰，腰部向上轻轻弓起，保持姿势不动。

腹部减肥操：让孩子仰卧，两臂平放在体侧，抬高双腿至45度，上下交叉摆动双腿。

背部减肥操：让孩子仰卧，两手握着重物，慢慢向上抬起至胸部上方，注意借助手臂力量。

腿部减肥操：让孩子平稳站立，双脚分开与肩同宽，双手叉腰，做单脚跳动作，双脚轮换，至少连续跳跃30秒。

棒球

棒球属于中强度运动，60公斤的孩子每小时大约能消耗360千卡（1千卡≈4.2千焦），运动5分钟相当于中速步行1000步。体重超标的孩子在打棒球时更有力量优势，他们只需经过短时间的训练，就能激发出冲刺的力量。参与这类运动在起到瘦身作用的同时，还能增强孩子的自信心，让他们以后在运动中更好地展现自己。

超重儿童运动的原则

超重儿童所选择的运动，不仅要起到减重的作用，还要确保身高发育。因此要遵照以下几个原则：

（1）循序渐进，从低强度、频率适宜、时间短的运动开始，避免心肺压力过大，过度疲劳。

①运动频率要合理，注意心率监测

让体重超标的孩子运动健身，是一个长期任务。刚开始每周坚持3～4次的运动，保证总运动量不低于1000千卡，有利于习惯的养成。

使用运动手表等心率检测仪，控制好孩子的运动频率，避免心率过高的运动。选择心率达到最大心率的50%～60%的运动为宜。

②自由设置单次运动时长，以30～45分钟为宜

2010年欧洲的一项研究显示，即使是患有基因相关肥胖症的孩子，也可以通过每天锻炼1小时来避免肥胖。但是，每天1小时的运动量，对超重的孩子来说，就是难上加难。

刚开始运动时，孩子可以只做5～10分钟的运动。例如，和孩子打羽毛球，打几个回合就停一下，既不损伤孩子的身体，还能保持孩子的运动热情。再慢慢延长运动时间，增加运动量。

（2）避免淘汰制运动，以娱乐性强的轻体育运动为主。避免含有淘汰制的运动，如果孩子多次被淘汰，只能旁观运动，就会对运动产生抵制的心理。

娱乐性强的运动，不同于学校运动课程与专业运动训练，更能激发出孩子的热情，易于实行和坚持。

（3）下午、晚上更适合运动。同样的运动，孩子在下午、晚上进行会比在上午进行多消耗 20% 的能量。因此，将运动安排在下午、晚上，对减重更有效。

为瘦小体弱的孩子制订运动计划

自 1985 年起，中国进行了 4 次全国青少年体质健康调查。调查结果显示，中国青少年的体质呈现持续下降的趋势。

重庆市体育科学研究所副调研员郭淳在长期从事青少年体质检测的工作后，表示，缺少体育锻炼正在让青少年体魄难以"野蛮"。

运动能改善瘦弱孩子的哪些体质问题

食欲差，心肺功能弱，耐力不足

坚持运动，还可以加快肠道蠕动的速度，使消化腺分泌消化液增加，孩子的食欲变好。孩子的消化、吸收能力变好了，免疫系统随之改善。而且，运动能增加体内的氧含量，从而增强孩子的心肺功能和耐力。

骨生长质量较差

2017 年，郭淳随机测试了 1280 名 3～18 岁孩子的骨密度，发现骨密度低于同龄标准值的孩子高达 803 人，其中女孩的骨生长质量更差。如果孩子能经常运动，吸收阳光，就能提高骨密度，促进骨发育和身高发育。

体内蛋白质含量偏少,肌肉体积不足

人体蛋白质含量一般占人体重量的18%左右,但瘦弱孩子体内的蛋白质含量往往低于16%,因此肌肉体积不足,躯干力量弱。

运动不仅可以增加蛋白质的需求量,还能提高蛋白质的转化率,利于孩子锻炼肌肉,增强肢体力量。

判断孩子是否瘦弱的生理特征

体重低于标准水平

瘦弱的孩子,体重增长速度慢,会明显低于同性别、同年龄段孩子的标准体重。根据世界卫生组织给出的标准体重与身高之间的关系:

女性标准体重 = [身高(cm)-70] × 60%

男性标准体重 = [身高(cm)-80] × 70%

基于身高、体重的参数,可以用体重指数(BMI)来判断孩子是否瘦弱。

BMI= 体重(kg)÷ 身高(m)^2

如果 BMI < 18 kg/m^2,就意味着孩子属于消瘦。

体弱多病

瘦弱的孩子,食欲不佳,生长发育迟缓。由于发育障碍,免疫系统功能下降,容易感染病毒,反复生病。

瘦弱孩子运动强身的原则

针对性

体质瘦弱的孩子,处在不同的生长发育阶段。需要根据孩子身体的瘦弱程度,进行针对性的运动训练。

如果孩子身体弱到难以接受中等强度的运动，就需要先进行食补、药补。孩子的体能提升后，可以从室内运动开始，如走路、仰卧起坐等。当孩子适应一定的运动强度后，可进行户外长跑、球类等中、高强度的运动。

保证充足的休息时间

瘦弱孩子进行运动时，一定要劳逸结合。运动中，确保休息时间充沛，如运动 10 分钟，休息 3 分钟，运动总时长控制在半小时之内。运动后，预留出足够的修复时间，每周的运动次数不超过 5 次。

运动注重复合动作

瘦弱的孩子，全身的运动机能普遍较差，选择单一的手臂、腹部训练难以同时锻炼其他部位。推荐孩子选择跳绳、跑步等能调动全身的运动，有利于强化免疫系统。

运动计划推荐

让瘦弱的孩子盲目运动，不仅难以增强体质，还会损害健康。建议孩子从强度较小的运动开始训练。

早晨慢跑

在早晨时慢跑，孩子可以呼吸到新鲜的氧气，呼出体内的浊气。这样一来，血氧饱和度增加了，心肺功能就能大大提升。

慢跑的速度一般控制在 6～8 公里 / 小时，对于体弱的孩子来说，速度可以再慢点，让心率控制在 120 次 / 分钟以内，身体轻微出汗时可以停下。

打太极

打太极有活血、疏筋之效，还能帮孩子保持一个健康的脾胃状态。太极拳有陈、杨、吴、武、孙、和六大派系，其中杨氏、吴氏、和氏的太极拳平和缓慢，适宜体质弱的孩子练习。待孩子体质稍好一些，可以练习刚柔并济的陈氏太极拳，既能养生，又能健身。

孩子打太极时，要心神合一，集中意念，感受气在身体各部位行走，带动全身运动。

慢频率跳绳

瘦弱的孩子更适合慢速跳绳，跳绳频率小于 60 次/分钟，中间可以休息 1～2 分钟。根据孩子的身体情况，可多次循环。孩子跳完绳后，有轻微的疲劳感为宜。

亲子乒乓球

乒乓球就是一项趣味性强、强度较小的运动，不仅能锻炼身体，对视力也有好处。一些瘦弱的孩子抗拒运动，父母可以陪同运动，吸引孩子的兴趣。除了传统的单打、双打，还有以下有趣的乒乓小游戏。

运球绕走：一边手持球拍颠球，一边绕着一个不动的物体行走。

托球接力：父母和孩子站在同一条线上，用球拍传递乒乓球。谁接力失败，就接受深蹲、仰卧起坐等惩罚。

报名参加迷你趣味马拉松和儿童版彩色跑

瘦弱孩子的运动方式可能比较单一，当他们觉得慢跑过于乏味时，父母可以给孩子报名迷你马拉松和儿童彩色跑。通过各种趣味障碍，孩子能获得运动的成就感；与各类小伙伴一起运动，孩子还能感受到运动社交的快乐。

瘦弱孩子运动的注意事项

（1）5 岁之内的瘦弱孩子应侧重于室内运动，5 岁以上可以适当增加爬山等室外运动。

（2）尽量避免憋气性运动或负重运动。这两种运动，会加大瘦弱孩子胸腔内的压力，使心脏、大动脉的压力变大，容易引发许多不良后果。

（3）杜绝大强度运动。瘦弱的孩子，肌纤维细小，一旦运动过量，就容易感到疲劳和运动损伤，这样会导致身体消耗增加，反而更加瘦弱。

为多动症孩子制订运动计划

多动症是儿童常见的一种心理疾病，具体表现为注意力不集中，伴有学习困难和行为障碍等问题。他们对视、听、触、嗅、味、平衡等感觉器官得到的信息难以很好地组织、分析，因此出现身体不能协调运作的现象。如果孩子的症状较轻，可以通过运动来缓解、治愈。

运动治疗多动症的原理

临床心理学认为，多动症可细分为身体运动障碍、空间知觉障碍、前庭平衡功能障碍、听觉语言障碍和触觉防御障碍等。一般，治疗多动症是让孩子服用中枢兴奋剂，变得安静少动，但这类药物副作用明显，可能会影响智力的发展。

通过运动疗法来矫正多动症，是比较理想的一种自然治疗手段。这种方式不是直接训练孩子的学习和认知技能，而是针对强化感觉器官的训练。尤其是训练前庭平衡和触觉的运动，对提升孩子反应能力、改善孩子的执行能力十分有用。

推荐给多动症孩子的运动

需要大量注意力的运动，对多动症孩子非常有帮助。

武术

完成一套武术动作,需要孩子身心高度协调,不仅能满足孩子"动起来"的需求,还能让他们遵守每个动作的规则,约束自己的行为。

踢足球

踢足球需要孩子持续地运动,不断地输出精力,被认为是多动症儿童最好的运动之一。

与队友配合踢球,孩子眼睛的焦点与思想的关注点,随足球的运动而运动,能同时锻炼肌肉反应和综合协调性。

体操

个人体操侧重于锻炼孩子自身的协调性,团体体操则需要更高的精神关注度,对多动症孩子来说,都是难度较大的挑战。如果孩子能坚持下去,释放多余的能量,不仅能提升专注力和协调力,还能增加躯体力量。

网球

网球运动速度快,很能吸引多动症儿童的目光,甚至让他们没有分散注意力的空隙。而且,打网球很容易形成条件反射和肌肉记忆,对提升专注力非常有效。

爬行类运动

让孩子趴在连续排列的大圆筒上,慢慢向前滚动,父母在旁做好保护措施。孩子不断地往前爬,可以锻炼平衡能力和多部位的肌肉群,能减轻孩子静止不动的不适。

多动症的孩子应避免长时间思考和等待的运动

需要孩子耐心等待的复杂运动,如规则复杂的桌球、排队等候的单杠、双杠等，都不适合多动症的孩子。在等待和思考的途中，多动症的孩子很快就会失去耐心，选择放弃。

对于多动症程度不同的孩子来说，可以选择更具有针对性的运动，如手部运动、腿部运动等。父母多加重视，帮助孩子量身定制最合适的运动计划，就能很快摆脱多动症的困扰。

为自闭症孩子制订运动计划

自闭症是一种复杂的神经生物学发育障碍，多见于幼龄儿童。引起自闭症的诱因很复杂，到现在都还未确定，因此没有找到彻底治愈的方法。越来越多的研究表明，运动是有效治疗自闭症的辅助手段之一。

自闭症儿童的运动能力

运动能力可以分为粗大运动能力和精细运动能力。粗大运动，简称大运动，是神经系统控制肌肉群的活动，如趴、爬、走、跳等动作，而精细运动则是指抓、握、扳、捏等动作。

大部分自闭症儿童的运动能力发育情况，与正常儿童的发育水平不相上下。一部分自闭症儿童的运动能力甚至比普通儿童的运动能力更优秀。他们精力旺盛，手脚灵活。也有一部分自闭症儿童，运动能力发展较为落后。

运动能力落后的孩子，有的是粗大运动能力发育滞后，还有的是精细运动能力发展不足。运动量不足、大肌肉力量差、技能水平低、耐力差等问题，是自闭症孩子在运动能力方面普遍存在的问题。

还有一些自闭症孩子，小时候运动能力发育非常正常。但随着年龄的增大，孩子运动能力反而越差。

大运动能帮助自闭症儿童克服运动障碍

自闭症儿童的运动障碍表现各不相同，如协调性差、灵活性弱、平衡能力弱等。各种形式的运动障碍可以单独存在，也可以并发。

有些自闭症孩子的平衡能力较差，在走、跑、跳时，身体难以保持平衡；有些自闭症孩子可能抓、握能力弱；还有些孩子很难控制好眼部周围的肌肉群，不敢直视人或其他物体。

虽然大多数人不认为说话是孩子的运动之一，但说话时，孩子的口部肌肉在运动，是人体控制执行最好的运动方式之一。如果孩子无法控制好自己的动作，就会出现"言语运用障碍"。

由于父母更注重培养孩子说话、观察、集中注意力等社交能力，往往会忽视孩子的运动锻炼。

大运动能帮助自闭症儿童克服以上运动障碍，它通过激发个体能力，配合大肌肉运动，用系统化的肢体运动，改善孩子们的运动机能，实现康复治疗的目的。

适合自闭症孩子的运动项目推荐

研究表明，自闭症孩子在坚持一段时间的运动后，重复性行为、攻击性行为明显减少，执行能力和注意力都有了提升，身体的协调性和运动技能也得到了改善。

袋鼠跳

袋鼠跳有利于强化孩子前庭感官，促进手脚协调发展。单次训练20～30分钟，每周练习5次左右。

训练方法：

让孩子走进布袋里，双手提着袋子的边沿，随着节奏往前跳动。这项运动对手脚协调不好的孩子来说，容易出现身体前倾，失去平衡而跌倒。

刚开始，父母不宜让孩子跳得太快、太远，让孩子小步小步地往前挪动，找到身体重心平衡的感觉，再加大跳跃的步幅，甚至可以改变跳跃的方向。

跳蹦床

弹跳类运动为自闭症孩子提供了丰富的感官输入，能有效缓解感官超负荷和焦虑。而且，孩子每次在蹦床上起跳后的动作，都会呈现出差异，能帮助孩子纠正自己的刻板行为。

自闭症的孩子第一次玩蹦床时，可能不敢尝试。为了减少孩子的恐惧，父母可以先抱着孩子在蹦床上跳一跳。

孩子愿意尝试后，父母可以与孩子一起坐在蹦床上，借助蹦床的弹性，让身体随之自由地上下摇晃。孩子习惯了这种弹性后，父母还可以让孩子自由地在蹦床上蹦跳，抱球投篮。

球类练习运动

虽然自闭症的孩子不适合参加各种团体球类运动，但他们可以做趣味互动的球类运动，如接抛球、双脚夹球、弹球等。

1～3岁：双手接球。

接球可以训练孩子视觉空间判断能力、视觉追踪能力、手脚协调能力。

父母与孩子保持一手的距离，面对面站立，父母从高处让球自由落体，孩子主动用手接球。可适当调整距离、抛球弧线、速度等，但注意要避开尖锐的物品，以免孩子受伤。

3～9岁：羽毛球投掷。

这项运动可以增强自闭症孩子的上肢力量，提高孩子的专注度。

父母站在距离适中的地方，将手中的羽毛球连续投向孩子，孩子用羽毛球拍将球挨个击落。

骑行训练

骑自行车、三轮车，对增强自闭症孩子的感知与理解能力有益。

孩子需要选择一辆可以双脚着地的自行车，如果孩子的平衡力不好，可以选择更稳固的三轮车。找一个30米长的斜坡，坡度不用太陡，可选择草地保证孩子摔倒时能软着陆。

骑行前，孩子要做好安全防护，带上头盔、护具、手套，绑好鞋带。

障碍赛

障碍训练有助于提高大运动技能，障碍赛不必设置得很复杂，逐步增加障碍数量和难度，更适用于自闭症儿童。

走直线、蛙跳、跳绳、爬行、抛接球、跨栏等小项目，都能起到提高自闭症孩子的协调能力的作用。

自闭症孩子运动中应注意的问题

观察孩子运动后的变化

（1）生理上的变化：运动项目、运动方法、运动量是否合适。

有些自闭症的孩子体质特殊，易疲劳，但恢复速度又很快。因此，父母要多多观察孩子的运动状态，合理安排运动强度和密度。

（2）行为的变化：孩子的不良行为是否得到矫正，期望的语言与动作行为是否出现。

针对自闭症儿童的运动训练应当多元化，可以与其他领域的训练相结合，如边步行边吟唱，边做仰卧起坐边演讲等。

（3）心理的变化：其感知、认知、情绪控制能力是否提高。

根据孩子运动发展情况，调整目标

根据自闭症孩子的运动发展情况，可以不断调整运动目标，增设新的运动内容，提高训练难度。

考虑运动方式，听从医嘱

一些自闭症孩子可能患有心脏病、癫痫病或其他疾病，需要酌情考虑运动训练的方式，建议听从医嘱。

为不同年龄段的中小学生制订运动计划

运动不是简单地让身体动起来，不同年龄的孩子适合做不同的运动。只有根据年龄段为孩子制订合适的运动计划，才能事半功倍。

每个年龄阶段都有"最佳的运动"

6～7岁（小学1～2年级）

低年级的小学生，身高、体重都不大。骨密质较薄，骨骼硬度小，易发生弯曲变形、脱臼损伤。身体肌肉中的蛋白质和无机物成分少，且大肌肉群比小肌肉群先发育。他们的神经活动也不稳定，动作不协调，易出现多余动作，注意力不易集中。

运动目标：提高身体素质，如敏感性、协调性、平衡能力、反应速度和运动速度。

运动特点：以促进身体各大肌肉群发展的运动为主；以模仿表现性运动教育为主；以运动规则与安全教育为主。

8～11岁（小学3～6年级）

小学中高年级的孩子，耐力、速度、力量和灵敏性等运动素质都有了一定的提高，而且接受能力较强。乒乓球、羽毛球、网球等球类运动，能满足他们爱动的需求，是他们的优选运动项目。

同时，小学的孩子肌肉、骨骼都未达到突增期，运动时需要保护身体的正常发育。跑步、游泳等强度适中的有氧运动更适合他们。条件允许的话，还可以让孩子尝试足球、轮滑等集体运动。

随着运动形式和强度的增加，孩子的运动时间可以相应地延长，单次运动控制在 30 ~ 45 分钟为宜。除了参加学校的体育课外，最少要保证孩子每天运动 1 次。

运动目标：发展灵敏性、协调性、柔韧性、速度、肌肉力量、心肺耐力等体能。

运动特点：多样化运动，以定向优化运动能力的运动为主；允许少量的力量运动，避免对抗性运动。

12 ~ 15 岁（初中生）

初中生的身体生长发育飞速，身高增长显著，但动作不够灵活与协调。虽然骨骼在迅速生长，但骨化过程尚未完成，仍容易发生弯曲和损伤。另外，初中生的小肌肉群发育较晚，做复杂精细的动作会有一些困难。

初中年龄的男孩对对抗性强、竞技性强的运动更感兴趣，而女孩则喜欢强度较小的运动。跑步、游泳、篮球、跳舞等均适合他们。他们在运动选择上展现了一定的独立性、好胜心。

运动目标：重点提高运动能力；加强体态和体姿训练；认识多种运动项目的价值，了解运动原理。

运动特点：凸显体育锻炼对身体形态和机能的影响；强化运动技巧。

16 ~ 18 岁（高中生）

高中时期，孩子的骨骼和肌肉开始激增，17 岁孩子的身体状态与成人相近。以往，孩子运动重在体验，而高中生已经对自己的身体机能与运动能力有大致的了解，可以选择几项运动进行专项练习。

由于男孩与女孩在生理与身体结构上存在差异，建议男孩尝试篮球、长短跑等具有力量、爆发力的运动，而女孩则适合长跑、瑜伽、单车等有氧运动。

需要注意的是，该年龄段的孩子进行运动重在促进生长发育，建议男孩的运动负重保持在最大力量的70%左右，女孩的负重则是最大力量的50%。力量运动需要遵循力量稍大、组间休息较少的原则，逐步增强最大力量。

中学生的运动时间尽量控制在60~100分钟，强度可逐渐趋于成人的平均水平，以促进肌肉体积与力量增长。

运动目标：形成良好的体育锻炼习惯；掌握运动受伤时和紧急情况下的处理方法；发展肌肉力量和耐力。

运动特点：对男、女生分别进行有针对性的身体素质锻炼和运动能力训练。

各年级体育运动建议

（1）小学生运动建议，如表6-3所示

表6-3

	周一	周二	周三	周四	周五
1~3年级	散步：5分钟	跳绳：1分钟	慢跑：5分钟	踢毽子：5分钟	快走：5分钟
	原地高抬腿：20次	左右跳：20个	立定跳远：5次	拉伸：3分钟	蛙跳：10个

（续表）

4~6年级	散步：15分钟	踢毽子：5分钟	慢跑：15分钟	开合跳：30次	短跑：2分钟
	原地高抬腿：30次	障碍跑：10分钟	体前屈拉伸：1分钟	仰卧起坐：1分钟	蛙跳：15个

（2）初中生运动建议，如表6-4所示

表6-4

训练项目	
准备运动（3分钟）	顺次活动身体各关节：颈—肩—腰—膝—踝—腕
热身运动（5分钟）	开合跳—高抬腿—并腿左右跳—前后交叉开合跳—前后弓箭步跳
体能训练（20分钟）	1. 深蹲：30次 2. 俯卧撑（男）：8个 　 俯卧撑（女）：5个 3. 仰卧起坐：30个 4. 跳绳：3分钟 5. 立定跳远：10次 6. 慢跑：20分钟 7. 坐位体前屈：1分钟 8. 收腹跳：15次 （以上项目可自主选择练习）
球类运动（10分钟）	篮球、足球、排球、羽毛球、乒乓球、棒球等（自主选择练习）
拉伸运动（10分钟）	调整呼吸节律及肌肉伸展性为主的运动

（3）高中生运动建议

力量训练：引体向上、俯卧撑、双杠臂屈伸、仰卧举腿、仰卧起坐、蛙跳等。

速度训练：400米变速跑、原地纵跳、上下坡跑、弯道跑等。

耐力训练：爬楼梯、跳绳、登山等。

柔韧性训练：直立体前屈、反向伸拉、弓步下压、坐位抓脚趾、俯卧挺上身等。

灵敏性训练：躲闪跑、立卧撑、乒乓球、篮球、飞盘运动等。

高中生的运动计划应该量力而行，根据时间、强度进行合理的调整，避免运动量过大，导致身体疲劳，影响学习。

为不同性格弱点的孩子制订运动计划

儿童心理学家发现，多参加体育运动，能有效改善孩子的性格缺陷，帮孩子调整到一个好的精神状态，健康地长大。

通过运动塑造孩子健康的性格

由于遗传及成长环境条件的差异，孩子的性格特征千差万别。有的孩子活泼开朗，有的孩子腼腆内向；有的孩子稳重自持，有的孩子则毛毛躁躁。

运动心理学研究证明，各项体育运动往往以较强的自控能力、坚忍的意志、笃定的信心、团队合作能力等运动素质为基础。针对性地进行运动，对弥补孩子性格上的不足，培养孩子健全的人格大有助益。

国外有一位心理学家在治疗13位抑郁症患者时使用了运动疗法，并取得了比预期更好的疗效。这些抑郁症患者每天需要完成一定量的某项运动，5个月后，他们的病情有了不同程度的好转，开始主动与人交谈，甚至可以正常地学习、工作与生活。

孩子脾气急躁，可以选择静态运动和全身运动

有的孩子遇事急躁，易冲动，难以冷静思考，做事总是三分钟热度，控制不好自己的脾气。这样的孩子，适合选择相对安静、节奏缓慢的运动，磨炼耐心。如打太极、射击、下棋、长距离步行等。

这类运动不会带来太大的情绪波动，有助于调节神经活动，增强自控能力，使情绪趋于稳定。

孩子急躁、冒失，也可能是因为他们精力过剩。此时选择静态运动反而效果不好，建议选择能让孩子长时间投入且调动全身的运动，帮助孩子释放多余的精力，如游泳、长跑、踢毽子等。

优柔寡断的孩子，建议选择锻炼反应能力的运动

有的孩子缺少主见，处理问题不够果断，做事拖沓。这种性格的孩子，可以多做需要进行快速判断的运动。

打乒乓球、打网球、打羽毛球、拳击、跳高、击剑等运动，需要孩子快速反应，及时做出判断。这是一个内化训练的过程，孩子凭直觉和经验自然而然地做出反应，不需要父母的提醒，因此不会产生被强迫的局促感。

在这些运动中，一刻的犹豫都将错失良机，多锻炼这些运动能让孩子变得果断。但这类运动有一定的难度，父母要有意识地引导孩子观察对手，告诉孩子具体的运动技巧，让孩子一边运动一边观察，提前做出预判，加快反应速度。

容易紧张的孩子，可以多参加竞争激烈的运动

一些孩子面临重大事件、紧急状况时，非常紧张、焦虑，坐立难安。承受能力不强的孩子，应该适当地参加竞争激烈的对抗性运动，如足球运动模拟赛、篮球实战训练、排球团队联谊赛等。

在紧张热烈的氛围中，孩子可以接收到形式多样的刺激，频频接受各种考验，心理承受能力随之增强。次数多了，孩子遇事就不会过于紧张了。

内向、孤僻的孩子，多参加集体运动

腼腆内向的孩子，沟通能力较弱，与其他孩子交往少，会慢慢变得孤僻、不合群。锻炼孩子的社交能力，集体运动是首选。

经常参加集体运动，可以帮助孩子更好地与人沟通、融入集体，帮助孩子适应集体社交的模式与规则，增强孩子的合作意识和团队精神。羽毛球、乒乓球、拔河、篮球、足球、棒球、接力跑等集体项目，都有助于孩子改变孤僻的性格。

父母鼓励孩子加入集体运动，但内向的孩子很难一下子就能应对自如，而且如果孩子十分抵触这类运动，大力度的鼓励反而会让孩子感到更大的压力，更容易退缩。因此，要循序渐进地让孩子接触集体运动，选择他喜欢的某一项集体运动。

胆小的孩子，可以尝试具有挑战性的运动

如果孩子胆子小，性格软弱，喜欢临阵退缩，做事缺少勇气，就要尝试一些具有挑战性的刺激运动。这类运动能克服孩子的害怕、恐惧心理，让他们变得大胆。

跳马、滑雪、单双杠、平衡木、摔跤等运动，有一定的难度，又有竞争性，能让孩子在一次次失败中提高胆量，在一次次成功中找到信心。

抗挫折能力差的孩子，适合渐进式运动

孩子自信心不足，害怕尝试，喜欢半途而废，渐进式运动能提高孩子的抗挫折能力。

例如,父母陪孩子一起慢跑,一开始围着小区跑,慢慢设计更远、更复杂的跑步路线。

选择简单的路线是为了建立孩子的信心,而逐渐复杂的路线,则能鼓励孩子战胜胆怯,克服挑战。

每当孩子完成一个运动"赛段"时,父母就要及时给出积极的反馈,让孩子看见自己的进步,增强信心,迎接下一个挑战。

霸道、逞强的孩子,应选择难度较大的运动

有的孩子比较骄傲,爱逞强,过于自负,以自我为中心,常常忽视别人的感受。父母可以让这样的孩子练习一些难度较大、讲究技巧的运动,比如跳水、体操、跆拳道、武术等。

这些运动不仅有一定的技巧和规则,还蕴含着一定的文化内涵和价值引导。如跆拳道、武术,都讲究对打的礼仪,能让孩子学会谦虚、友善的精神。

另外,在这类运动中,孩子们能遇到许多更优秀的对手,会产生一定的挫败感,明白人外有人的道理。这样,他们才能正视自身的缺点,正确地看待竞争关系,学会尊重别人。

为不同体质的孩子制订运动计划

父母为孩子制订运动计划时,要根据孩子的身体素质特征,结合孩子的生理发育特点,进行合理的规划。

如果孩子体质弱,父母就要选择一些能够增强孩子体质的运动项目。如果孩子的身体素质很好,父母可以给孩子选择运动类的项目,提升孩子的运动综合素质,让孩子全面发展。

体质差的孩子的运动计划

孩子体质差，体能也相对欠缺。因此在运动初期，体质差的孩子只能进行少量的运动，坚持一段时间，体质增强后，再增加运动量。

体弱的孩子，应多做户外运动。户外运动不仅有利于孩子的身体合成维生素D，促进钙的吸收，还对肌肉、骨骼、呼吸、循环系统的发育以及全身的新陈代谢都有良好的促进作用。让孩子多参加户外运动，如攀爬运动、球类运动、骑自行车、打太极、游泳等，也可以增强孩子的食欲，使孩子摄入足够的营养，孩子的体质增强了，抵抗力也自然会提升。

跳绳、仰卧起坐、立定跳远

跳绳、仰卧起坐、立定跳远等运动，是中小学生体育考试中的重要项目，是每个孩子必须学会的运动。让体质差的孩子加强这几项体育锻炼，不仅可以强身健体，还能轻松应对考试。

体质不好的孩子，可以先连续跳绳半分钟、做5个仰卧起坐、立定跳远50厘米，从较少的运动量开始，每天坚持，逐日提升，就能达到应试合格的标准。

健步走

让孩子坚持30分钟以上的健步走，达到微微出汗的状态，对增强心肺功能十分有益。如果让孩子做过心肺测试，确定他的"有效心率值"，调整心率变化，运动效果会更显著。

需要注意的是，孩子健步走时，要穿一双舒适轻跑鞋，头部、上身需要保持直立。手臂自然弯曲，前后摆动，幅度尽量大，步调与手臂摆动协调。

儿童跳舞毯

跳舞毯是一项可在室内进行的有氧运动，不受天气、时间的限制。跳舞毯的玩法简单，易调控。音乐开始后，孩子根据屏幕上出现的上、下、左、右的箭头，依次用脚踩上对应的踏板。孩子正确做出反应后，便会出现"perfect（完美）"的字样，十分有趣。

体质偏弱的孩子使用跳舞毯，可以优先选择慢节奏、时间短的伴奏，逐步加快。

体质差的孩子运动的注意事项

不要过早接触力量运动

孩子的生长发育是有一定规律的，一般都是先长身高再长体重。如果孩子在生长发育阶段，过早地进行大量肌肉力量锻炼，会使孩子的肌肉过于强壮，影响到身体其他部位的匀称发育。

因此，父母不要让孩子过早进行太多的力量训练，如引体向上、举重等。

不要过早进行跳跃运动

如蛙跳、跳高等跳跃运动，能锻炼孩子的大腿肌肉和髋关节，但过早地让孩子练习，不但难以增高，还可能让孩子的膝盖骨受到损伤，因为用力跳跃、落地一次时，膝盖骨将会承受相当于自身体重三分之一的冲击力。这对正在长身体的孩子来说，不仅会影响到骨骼发育，还容易造成韧带、膝关节半月板损伤。

体质好的孩子的运动方式

一般来说，体质不错的孩子，运动综合素质也不错，对运动有一定的耐受力，可以做许多强度稍大、运动时间更长的项目了。

登山、长跑、竞走类运动

这类运动时间较长,运动量较大,能有效锻炼孩子的心肺功能,让孩子肺活量变大,还能改善睡眠质量。

建议体质好的孩子在父母的陪同下进行尝试,要点在于"匀速",频率控制在两周一次,体力更好的孩子可以一周一次。

跳远、跳高、篮球等弹跳运动

弹跳类运动对孩子的骨骼、肌肉、肺部以及血液循环系统都是很好的锻炼方式,能让孩子长得更高、更壮。另外,这类运动还能维护淋巴系统,增强孩子抵御各种疾病的能力,改善免疫力。

羽毛球

打羽毛球的普及率很高,这是一个典型的有氧运动与无氧运动相结合的运动项目,对孩子的视力和颈椎都有好处。体质好的孩子更能适应这种强度较大、考验反应力的运动。

体质好的孩子运动的注意事项

注重规律呼吸

即使孩子体质好,也不能乱了运动锻炼的章法。运动时,他们更要注意呼吸的节奏,呼吸一定要深,换气效率要高,把肺排空再吸入。尤其是在耗氧量大的运动中,如果不把控好呼吸节奏,就很容易出现疲劳,甚至休克。

运动间隙注意休息

体质再好的孩子,体力也是有限的。让孩子在运动一段时间后,获得充分的休息,能降低运动损伤的概率。

如果孩子长期每天参加一些特定的运动项目,如打篮球、踢足球、滑冰等,每周至少让孩子休息一天,补充体力,防止过度劳累。

第七章 如何让孩子爱上并坚持运动

长期坚持运动，才能改造大脑

青青部落联合创始人王欢，毕业于清华大学，是著名的脑科学、教育心理学研究专家。他曾在接受采访时表示："我当初能考上清华，多亏了我的高中班主任！"

王欢上高中时，班主任常常带领着同学们一起踢球。后来，他在研究脑科学时，才明白其中的道理：

"青春期的孩子最需要管理的就是情绪，大量运动能让他们内心的能量和身体里的焦躁不安全部释放出来，荷尔蒙得到挥洒，又得到很多快乐。同时，一个运动员的目标感、耐力，追求一件事的专注力和持久度都是很强的，这些品质都可以迁移到学习之中。这些素质在短跑中不是特别明显，但是在长跑中会迅速拉开差距。"

人生就像是一段不知尽头在何处的长跑，而影响一个人未来能跑多远的，就是他的运动能力。

坚持运动可以增加大脑神经纤维、树突、突触的数量

很多成绩优异的孩子，都热爱运动。据调查数据显示，2016年全国63名状元中，有34位学生经常运动；2017年的42名状元中，有24人喜欢运动。坚持长期运动的孩子，大脑正发生着惊人的变化。

孩子在运动时，会产生多巴胺、血清素和肾上腺素，这三种物质都与学习有关。

多巴胺：让人感到快乐、愉悦，进入亢奋的学习状态；

血清素：帮助释放压力，强化记忆力；

肾上激素：提升专注力，让孩子上课更专心。

美国卫生研究员发起的"人类脑计划"研究发现，坚持运动，可以增加大脑神经纤维、树突、突触的数量，促进大脑的发育。

运动给孩子的身体带来了独一无二的刺激，这种刺激使大脑能够更好地运作，完成各种精细的学习任务。那些经常在操场上运动的孩子，他们的大脑正悄悄地变得越来越聪明。

运动对大脑功能的强化作用可以一直延续下去

运动改造大脑，在青春期时的作用最明显。2018年，科研人员查阅了许多文献后发现，15~18岁的孩子中，坚持长期运动的孩子，大脑中的海马体和额中回前部的体积比不常运动的同龄人大一些。这两个大脑结构的体积变大，孩子的认知能力和学习表现会相应提高。

虽然随着年龄的增长，运动改善大脑的效果会逐渐削弱，但运动对大脑功能的强化作用可以一直持续下去。

2019年发表的一项研究显示，运动量存在很大差异的45对同卵双胞胎中，长期进行体育运动的孩子，大脑中的纹状体、前额叶与海马体灰质体积都要偏大一些，前扣带区灰质体积则相对小一些。可见，坚持运动确实可以提高孩子的认知能力。

但这项研究的持续时间较短，还不足以确定运动改造大脑的作用是否具有持续性。

在另一组实验中，科学家们又对年龄偏大的成年人、阿尔茨海默症患者进行了"运动干预"的实验。

结果发现，70岁以上的人群，每天坚持运动30分钟，不仅能改善心肺健康，还能降低脑萎缩水平，甚至起到修复大脑功能的作用。

这是因为，运动提高了血液中"脑源性神经营养因子"的蛋白质浓度。这种物质含量越高，大脑中的新神经越多。长期运动，有助于维持既存血管的健康，还能促进心血管的生长，从而为大脑大量耗氧提供充足的血流供应。

同时，坚持运动能使小神经胶质细胞保持良好的运行秩序。这类小细胞会不断检查大脑的状态，消灭大脑中各种微生物和受损、死亡细胞，并对受损之处进行修复。

长期运动有助于缓解大脑中的慢性压力

频繁或是持续存在的强烈压力会使人长期处于紧张状态，压力就会转化为慢性压力。大脑中的部分细胞受到损坏，协调功能下降，出现免疫力低、情绪失控等问题。

南京理工大学研究中心发布过一篇名为《学生自杀频发，体育生却是个例外》的文章，提到：体育运动就是一种挫折教育，不仅可以锻炼学生的身体，更重要的是能锻炼他们的意志与精神。

青春期的孩子，容易被慢性压力困扰。坚持长期运动，能有效缓解慢性压力。尤其是定期接触户外运动，可以加快压力后的修复速度，降低压力激素水平，提升抗挫折能力。

长期运动可以同时提升脑力和体力

学习、考试是对孩子脑力、体力的双重考验。没有强壮的体魄和坚韧的脑力，很难支撑他们顺利地完成各种挑战。

阿诺德·施瓦辛格小时候是个十分瘦弱的小男孩，在他父亲军事化的教育下，阿诺德养成了良好的运动习惯。

19岁时，阿诺德获得了欧洲健美先生的称号，借此转战荧幕，成为家喻户晓的好莱坞巨星。在56岁的高龄，阿诺德凭借过人的政治头脑成为加利福尼亚的州长。卸任后，阿诺德重返影坛，再获佳绩。

阿诺德说："即使是有史以来最伟大的哲学家都知道，你可以拥有世界上最聪明的头脑，但你需要打造自己的身体，让它配得上你强大的头脑。就像肌肉一样，头脑会随着阻力而增长。"正是经年不断的长期运动，使阿诺德的脑力与体力始终保持在较高的水准，在各个领域大放异彩。

教育部体育卫生与艺术教育司司长王登峰曾在新闻发布会上说："体质健康下滑是一个迫在眉睫的问题，需要采取各种措施去进一步强化学校体制，来确保孩子的身心健康。"近年来，各地中考体育分值的增加，也是验证了体力与脑力并重的道理。

无论是学习，还是工作，脑力与体力兼优的人，才具有更强的竞争力，能在未来走得更远。因此，长期坚持良好的运动习惯，势在必行。

循序渐进，让不爱运动的孩子爱上运动

电子产品使用低龄化，加之漫画、娱乐节目的极大丰富，孩子们外出运动的积极性越来越小。正是精力充沛的年龄，孩子却不爱运动，总待在家里。可运动对孩子的健康成长起着非常重要的作用，父母要如何让孩子爱上运动呢？

孩子不爱运动的原因

孩子在幼龄时，喜欢探索各种事物，尤其是丰富有趣的运动。为什么一部分孩子对运动丝毫不感兴趣呢？

性格内向、胆小

有些孩子天性胆小谨慎，对运动充满恐惧，害怕自己受伤，所以不敢轻易接触各种运动。

这样的孩子，很可能是在过度的呵护中长大，除了学习简单的大运动，就没怎么运动过。转眼孩子到了学龄，又因为性格内向，不敢加入其他小朋友的运动中，就会愈发胆怯、内向，抵触运动。

运动技能发育不全

一些孩子的年龄太小，基本的运动技能都未发育完全，即便多次尝试、学习，也很难适应某些运动项目。多次失败的运动经历，打击了孩子的自信心，让他们不愿意继续运动。

体重超标

体重超标的孩子运动时，身体负荷过重，容易产生疲劳感，因此会比较抗拒运动。

父母干预过多

许多父母喜欢带着孩子一起运动，希望孩子能严格按照自己的

计划进行运动。一旦孩子拒绝运动，或是表现不佳，父母就会严厉地指导、纠正，这很容易引发孩子的惧怕、抗拒心理。

父母不爱运动，孩子也沉迷其他娱乐活动

如果父母沉迷于玩手机、看视频，很少运动，孩子就会模仿父母的行为，不运动。

一项研究调查了 6 个城市的 2000 余名 3～8 年级学生和父母，结果显示，在课余时间不运动的孩子中，有 60.6% 的父母平时也不爱运动。

四种方法让孩子爱上运动

让孩子运动起来不难，可让孩子真的爱上运动，父母就得费些心思了。

从"微运动"开始

微运动是一种用时极短的运动形式，效率高，还不会带给身体多少压力。微运动的好处多多，可以增强心脏功能、燃烧脂肪、增强肌肉、释放压力等。

微运动对时间、场地的要求极低，只要有足够孩子活动的空间，抓住一小段时间，甚至不需任何装备，就能做好。如平板支撑、引体向上、深蹲、波比跳等。

"大猩猩爬行"——锻炼孩子的核心力量。

让孩子双脚开立，弯腰伸直双臂，撑在地上，收紧腹部。接着，让孩子抬起双臂，向右侧平行移动一段距离。双手着地的时候，双腿跳起，也向右侧移动相同的一段距离。

"大大招财猫"——锻炼孩子的手部动作。

让孩子向前伸出双手，全力张开手指。随后，双臂用力下摆，握成拳。在重复动作的同时，可以随时改变速度。

"金鸡独立"——锻炼孩子的平衡能力。

让孩子站稳后，单腿分别向前面、侧边、后面摆腿10秒，幅度逐渐加大，速度可以慢一些。如果孩子可以轻松完成这组动作，可以闭上眼睛，练习摆腿，进一步提高平衡力。

亲子运动

在居里夫人的庭院里，绑了一个秋千架，还有一个小运动场。她的两个女儿每天做完功课后，都会到这儿运动一番。居里夫人闲时，还会与孩子一起骑车、游泳。两个女儿健康地长大，事业有成。

父母需要充分挖掘家里的运动资源，打造一个运动角，与孩子一起做亲子运动游戏，激发孩子的运动兴趣。比如住高层的家庭，父母可以选择不坐电梯，一起来一次爬楼梯比赛，感受流汗的快感。

平常在家时，父母带领孩子学跳健身操、练瑜伽，也是很好的选择。周末时，父母还可以带着孩子去临近的公园、田地，亲手制作一个风筝。让孩子配合大人，奔跑着放飞风筝。

教孩子掌握运动技巧

每一项运动都有不少技巧，如果孩子不懂其中的技巧，尝试几次都失败了，就会失去耐心，放弃运动。

因此，陪孩子做运动前，父母需要先给孩子讲解其中的技巧，最好可以亲自示范，让孩子正确地进行运动，自如地使用运动器械。

鼓励孩子参加运动竞赛

如果孩子有机会报名校运动会、区域内的各种体育比赛，父母就应该多多鼓励。若是孩子愿意主动参加运动项目，父母就应该鼎力支持。无论结果如何，父母都可以贴心地为孩子准备一份家庭礼物，让孩子保持继续运动的热情。

简单、适度的运动也能激发孩子的运动兴趣

虽然孩子的身体在不断发育，但与成人相比，差距还是比较明显的。

孩子的心脏收缩能力较弱，泵出的血液较少；孩子的骨骼相对柔软，容易变形；孩子的肌肉收缩力较弱，耐力差。因此让孩子克服身体上的障碍，突然爱上运动是有一定困难的。

建议父母不要追求运动的种类、强度、难度，而要关注孩子的生理、心理变化，多采用有趣、互动、简单的运动，逐步培养孩子对体育运动的兴趣。

游戏化运动，孩子都喜欢

3~13岁，是孩子动作技能从形成到发展、巩固的关键时期。父母要让孩子多多接触运动，增强各项运动能力。运动游戏化，寓教于乐，让孩子们在游戏中锻炼，就是最好的学习方式。

运动游戏化，是将游戏机制融入运动过程中，用以增强运动的趣味性，提高孩子的参与度。这是因为游戏元素能让孩子获得愉悦的体验，甚至产生竞争的快感。

父母与孩子一起玩的运动游戏

父母陪孩子一起运动，不仅能增进亲子感情，还能提升孩子的运动能力。

钻山洞游戏

这个游戏能培养孩子的空间认知能力，同时增强肌肉张力、平衡感和灵巧性。

父母坐在地上，伸直双脚，让孩子跳过去。等孩子跳过去了，父母再站着弯下腰，形成一个拱桥，让孩子从下面钻过去。

仰卧抬腿

让孩子躺在瑜伽垫上，两腿并拢、伸直，慢慢向上抬起，与地面成45度角时停下，尽可能地坚持到20秒。再让孩子慢慢放下双脚，休息15秒后，重复练习，完成三组即可。

小蜗牛爬

这项运动可以增强孩子的颈部力量，手指功能，还能改善孩子弯腰驼背的情况。

让孩子跪坐在自己的脚后跟上，向前爬行。爬行过程中，臀部也不能离开后脚跟。孩子要用手腕和臀部的力量，带动身体前进。

室内障碍通关

通过障碍关卡，是一种吸引孩子好奇心非常有效的方式。孩子克服一个个障碍，完成目标，能增强运动自信心。

在家里，父母可以用毯子、玩具、桌椅等物品设置成难易不同的障碍，铺设一条可供孩子爬行的轨道。

击破泡泡

父母带着孩子到一片空草地上，使用泡泡机吹出气泡，让孩子在气泡落地前击破它们。或是将气球抛向空中，让孩子用手掌托起气球，不让气球落地。这个运动能帮助孩子锻炼粗大运动能力和手眼协调力。

小山坡翻滚

让孩子躺倒在小山坡的半山腰上，侧躺着滚下去。滚动时，孩子全身上下的部位都能得到一定的刺激。

父母不要排斥与孩子一起玩一些幼稚的运动小游戏，越轻松、简单的游戏,越能让孩子心情放松,增强运动效果。

户外运动游戏化——冒险

将户外运动游戏化的最典型代表就是冒险,孩子都有追求冒险的倾向。虽然冒险中的安全、风险问题很难排除,但孩子能从中感受到乐趣,满足他们的情感需求。

澳大利亚的一项针对38名4~5岁儿童的研究发现,其中有28个孩子表示,他们更愿意进行挑战性更大的运动项目。孩子为什么如此喜欢冒险呢?

在挪威一个针对4~5岁儿童的访谈证实,孩子主动参与冒险性游戏,是因为冒险能带来愉悦的情绪,从而激发出更高水平的运动能力,掌握之前不敢接触的风险。这是其他游戏难以提供的,而孩子天生就有这样的需求。

溪降、岩降、攀岩、探洞、爬山、皮艇球、滑雪等冒险项目,需要在专业教练的指导和陪护下进行。

适合年幼儿童的运动游戏

玩具车司机

让孩子坐在地上,弯起膝盖,把玩具放在肚子上,用手臂撑着地板往前挪动,把玩具运送到终点。孩子玩得熟练后,可以让他臀部不着地,只移动手、脚,或者将玩具换成气球。

双人拍手仰卧起坐

父母与孩子面对面坐在瑜伽垫上,双腿弯曲,脚蹬脚。保持双脚位置不变,两人同时开始做仰卧起坐,起身后击掌。

双人坐立

父母与孩子手拉手、面对面地坐在地面上,脚尖相接,保持拉手的状态，同时发力站起来。

双腿夹球跑

让孩子用双腿夹住球，往前小步跑，双手不能摸球。如果球掉了，捡起夹住继续跑。父母可以与孩子一起比赛谁更快。

花样跳绳

双脚交替跳、开合跳、弓步跳、跳长绳……这些花式跳绳形式多样，富有趣味。如果孩子觉得跳绳过于无趣，可以尝试花样跳绳。

避免把运动功利化

当运动变成争名夺利的一个工具时，孩子很可能会产生厌恶的情绪。

青少年运动顾问略萨的畅销书《赢得比赛之外：在有毒的运动环境里做聪明的父母》中有这样一个故事：

一个小男孩每次去参加派对感到无聊时，就会对自己的父亲使眼色，双双跑到一个无人的角落玩耍。只见他们各自捡起两条树枝，击打石子，谁先用石子击中目标物，谁就赢了。彼时，小男孩说过："和父亲一起打石子，是我最幸福的时刻。"

然而，男孩的父亲发现了男孩的运动天赋后，就将儿子直接送到了棒球队。从此，父亲成了男孩的教练，对男孩进行了严厉的训练。这个男孩长大后，却坚决地扔掉了球棒，再也不愿意回到棒球队了。

正是小男孩父亲的这种功利思想，让男孩越来越抵触喜欢的运动，影响了孩子的运动状况。无论运动能力如何，比赛成绩如何，孩子都希望能够得到父母的认可。因此，父母不能以达到一定的运动成就为目的，或是为了应对体育考试让孩子参与运动。

不强迫孩子做不喜欢的运动，父母以身作则

为什么有些父母总会逼着孩子去做不喜欢的运动呢？一部分父母说，想让孩子的身体保持健康；一部分父母说，想让孩子学会坚持；还有一部分父母认为，孩子能从中体验挫折，变得更勇敢。

父母引导孩子运动，确实能收获许多，但强迫孩子做他不喜欢的运动，运动效果就会大大削弱。

强迫孩子运动，效果反而不理想

如果孩子对一项运动丝毫不感兴趣，但父母仍执意让孩子坚持这项运动，用父母的权威命令孩子实践自己制订的运动计划。孩子就会生出反抗的心理，排斥某项运动，渐渐形成逃避运动的习惯。

有时，孩子一旦表现出对某项运动的兴趣，父母二话不说就买了最好的装备，报各种体育班，对孩子的要求也随之提高了。孩子也会感受到压力，对各种新的运动产生畏惧心理。

英国普利茅斯大学的研究人员分析了几十项研究报告，查阅了超过1.4万名年龄在16岁以下的孩子的资料。他们在《英国医学杂志》上发表报告称，虽然许多孩子被强制参加了一些体育活动，如体能训练班，但效果并不理想。

研究人员布拉德·梅特卡夫解释说，造成这个现象的原因是，孩子们被强制性地要求参加运动，大大打击了他们的运动热情，因而在其他时候的运动量减少了。父母可能觉得孩子已经按要求运动过了，就不必进行其他运动了，因此效果反而不理想。

强迫孩子执行运动计划，运动效果已经较差了，强迫孩子过早地训练单项运动，效果更差。

芝加哥洛约拉大学开展了一项针对 1200 名年轻运动选手做的研究，结果显示，过早被强制要求投入单项运动训练的选手，与从事多种运动的选手相比，受伤比例高出 70%～90%。

另一项以 735 名 6～12 岁男孩为对象的研究中，12 岁前进行多样化运动的孩子，与进行单项运动项目的孩子相比，体质更好，协调性也更好。

孩子会效仿父母对待运动的态度

父母经常运动，偏爱某一项运动，孩子也会被这项运动慢慢吸引。

英国剑桥大学临床医学院的研究人员募集了 554 名 4 岁的孩子与他们的母亲，追踪记录母子在一周内的运动量。

研究结果显示，妈妈每多进行 1 分钟中高强度的运动锻炼，她孩子的活动量就比其他孩子的运动量增加 10%。也就是说，妈妈持续一项运动的时间越长，孩子就越愿意做这项运动。

可见，父母的运动习惯直接影响着孩子的运动习惯。

找到孩子不喜欢运动的原因，父母带头示范

皮亚杰认为："一切有成效的活动必须以兴趣为先决条件。"之所以孩子不愿意运动，是因为他们很少能体验到运动带来的乐趣。因此，父母要设法让孩子尝到运动的甜头，激发他们的自驱力。

孩子不喜欢运动，用逼迫的方式来改善，是下下之策。父母需要找到孩子不爱运动的原因，有针对性地解决问题。

一般来说，孩子都有一颗好奇心，喜欢尝试各种运动。如果孩子对某一项运动产生了抵触的情绪，很可能是有相关的消极经历，比如自己本身就不擅长社交，不愿参与团体运动，或是看见其他孩子运动时受伤等。

孩子抵触一项运动的动机大致包括以下几点：缺乏兴趣、没有学习新的技能、没有新的挑战和动机、运动能力较差。

研究发现，父母可以通过三种方式影响孩子的运动态度，一是替孩子树立热爱运动的榜样，二是帮孩子养成热爱运动的习惯，三是与孩子一起互动、运动。

确定孩子不喜欢某项运动的原因后，父母可以亲身示范完成这项运动，帮助孩子解开心结，多与孩子互动，让孩子自发地参与这项运动。

如果孩子多次尝试，仍不喜欢这项运动，父母就应当让孩子选择自己感兴趣的运动。

让孩子把一项运动变成习惯到底需要多久

"三天打鱼，两天晒网"是不是自家孩子运动的常态？买的瑜伽垫铺在房间里，积了厚厚的灰；坚持了一天晨跑，孩子就赖床不起了；报名的体能班，孩子也总找各种借口请假。那么，需要多久才能把运动培养成孩子的习惯呢？

关于习惯养成的三个研究

让孩子养成良好的运动习惯，到底需要多久？

"21天法则"

美国整容医生和临床心理学家麦克斯威尔·马尔茨在《心理控制术》一书中写道，"马尔茨通过观察发现，整容后的人需要21天来适应他们的新面貌，而截肢病人出现的'幻肢'体验往往也是需要21天才能消退。"

渐渐地,"养成一个好习惯仅需 21 天"的说法广为流传。现实中,却有越来越多的人开始质疑,为什么 21 天后自己无法养成一个习惯。实际上,马尔茨是说,人们需要至少 21 天的时间来习惯某种新变化,而非养成一个习惯只需要 21 天。大量实验证实,要培养一个习惯,21 天是远远不够的。

"66 天法则"

2010 年,伦敦大学的健康心理学家费莉帕·勒理(Phillippa Lally)的团队进行了一项探究习惯养成的实验。他们招募了 96 个 21～45 岁的参与者,让他们每天重复一项健康活动,实验时长控制在 84 天左右。

结果显示,有些人养成习惯仅用了 18 天,有些人则用了 254 天,而这些人养成习惯的平均天数为 66 天。

但这个"66 天"也不是一个确定的标准,不同个体养成不同习惯需要的时间也各不相同。在费莉帕·勒理的实验中,养成运动习惯的参与者所耗费的时间,是养成用餐时吃水果习惯的参与者耗费时间的 1.5 倍。

不同种类的习惯所需时间不同

习惯培养顾问古川武士在《坚持,一种可以养成的习惯》一书中,将习惯进行了分类,并给出了不同种类习惯形成需要的大概时间。

不同习惯的难度各不相同,有些习惯产生的变化轻微,身体的反抗较小,很容易接受。而那些变化很大的新习惯,会让身体十分抵触,所需的时间自然更长。

其中,养成一个身体习惯,如运动、早起、减肥、戒烟等,至少 3 个月;养成一个行为习惯,如做家务、读书、记账等,只需要

1个月左右；养成思考习惯，如正向思考、创意思考等，时间更长，大约需要6个月。

之所以有各种标准，主要是因为养成不同的习惯，所耗费的时间也不同。至于孩子养成一个运动习惯，到底需要多少天，这很难有一个绝对的时间标准，只能算作参考。

培养运动习惯从训练肌肉记忆开始

一旦孩子养成了运动习惯，坚持下去就比较轻松了。这是因为惯性动作可以塑造肌肉记忆，在相同条件的刺激下，孩子的身体会做出本能的反应，也就是条件反射。

形成肌肉记忆，一般需要30天。当孩子多次重复一个相同的动作后，肌肉会配合各关节的深感觉，产生对应的改变，形成特定的记忆效应。

在孩子做了30分钟的运动强化训练后，接下来的48小时是恢复平静的时间。这为肌肉细胞储存各种信息预留了足够的时间。如果按照这个时间比例来进行强化训练，就很容易形成肌肉记忆。而且，一般至少需要坚持30天左右，才能避免肌肉记忆被遗忘。

想要形成肌肉记忆，不仅要注意运动中关键节点的静止动作，还需强调记忆动作与动作之间的联动。这就是健身常说的"增肌"。

"增肌"，是指肌肉被锻炼到一定程度，会长出新的肌细胞。肌肉是否增长，可以从肌纤维内部的细胞核数量——肌细胞核这一指标进行观测。新增的肌细胞核不会因为运动的减少而消亡，只要肌肉能再次得到锻炼，这些细胞就能再造肌肉蛋白，让人找回原来的记忆。人在幼龄时形成的肌肉记忆，更加牢固。

看似肌肉记忆是肌肉的一种化学反应，无须孩子动脑就能执行，但肌肉记忆其实是一种"内隐记忆",与大脑的记忆功能密不可分。

当孩子经历了大量的重复训练后,相关动作便会以脑神经元连接的方式烙印在大脑中,形成所谓的条件反射。

习惯养成需要面对反弹和固化

养成一个运动习惯,不仅需要一个适应期,还要注意习惯的固化,避免反弹。例如,孩子平时每天睡到7点,如今要六点半开始运动,这就需要调整生物钟,适应早起,尽量一日不落。

但有时候,孩子会突然有一天不愿意坚持运动,父母也不必焦虑。偶尔允许孩子某一天不运动,并不会影响习惯的养成。

费莉帕·勒理通过实验证实,"间断一天",对习惯养成没有太大的影响。所以,如果孩子做完高强度运动后,一天之内没有恢复过来,可以适当休息一天。但要避免间断天数较长、频率较高。

如何帮助孩子养成运动习惯

定时、定量地运动

7岁前,是孩子养成运动习惯的关键期。如果孩子每天能保持1~2小时形式多样的运动,就很容易形成"运动惯性"。

尽量让孩子在规定的时间段里进行运动。如早上起床后,运动一刻钟,让孩子更快地清醒过来。此时的运动量不宜太大,早操、慢跑即可。放学后、饭后1小时后,可以让孩子进行慢跑、打羽毛球等有氧运动和伸展性运动。饭前、饭后的半小时、睡觉前,不建议孩子进行剧烈的运动。

确定运动微目标

孩子可以根据自己的兴趣,确定一系列运动微目标,即简单、方便、难度小、持续时间短的运动项目。比如每天完成5个深蹲,每天做 3 个俯卧撑，或是一天跑 100 米……

让孩子自己设立一个他能轻松完成的运动目标，坚持一段时间后，再让他慢慢提高目标。比如，孩子的初始目标是每天步行 5 分钟，坚持两周后，可以增长时间到 10 分钟、15 分钟，而不是一下子增加到半小时。这样，孩子能够坚持的时间更长。

保持新鲜感

孩子都喜欢新鲜的事物，运动中，他们往往对新的环境、新的运动形式、新的器械和装备乐此不疲。因此，为孩子创造一个新的运动要素，更利于孩子养成运动的习惯。

当孩子厌倦了操场、体育馆，不妨让孩子进行各种户外运动；当孩子厌倦了自由泳，可以让孩子练习蛙泳、蝶泳等其他泳姿。如果孩子实在不愿意坚持下去，父母还可以给孩子提供阶段性的装备更新，比如跑鞋、护具等。

习惯养成进度表

直观地看到日复一日的成果，能让孩子有信心继续坚持下去。因此，父母可以陪孩子一起制定一个运动习惯进度表。

孩子完成每天的运动后，可以在表上画"☆"，巩固习惯。孩子连续 7 天都能完成运动任务，父母可以适当地给予奖励，鼓励孩子坚持运动。

多巴胺控制法帮孩子养成运动的好习惯

懒惰、禁不起诱惑，是大部分孩子难以养成运动习惯的原因。而且，大脑会偏向于固化、自动化的处理模式，逃避不熟悉的事物，所以孩子的执行力并不高。

日本著名脑神经科学家菅原道仁在《超级大脑的七个习惯》一书中，提出了能激发大脑主动性的"多巴胺控制法"。借助这个方法，可以让孩子养成运动的好习惯。

多巴胺的分泌是一种动机系统

多巴胺的分泌与运转不仅是一种奖赏系统，它还是一种动机系统。著名健康心理学家凯利·麦格尼格尔博士在《自控力》一书中写道，多巴胺的本质是一种"我想要"的冲动，也就是"欲望""动机"起着主导作用，从而控制人的行为。

长期专业的运动训练非常艰苦，为什么许多运动员能坚持下来，最终获得成功呢？很有可能是因为，他们在日常练习中经历了无数次成功，每次成功的瞬间，不仅能分泌出奖励物质多巴胺，还会产生"我能夺冠"的动机，脑内神经受到刺激，释放出多巴胺，充满干劲。

为了实现预期目标，大脑会主动增强对类似行为的重复需求，提高相关部位的活跃性，因此产生了多巴胺的依赖性。"多巴胺控制法"正是利用这种动机系统，控制孩子的意识与行为，使"不愿行动的大脑"转变为"主动行动的大脑"。

多巴胺的分泌量与动机的强弱成正相关关系

不同的事物，给孩子带来的刺激程度不同，从而导致多巴胺的分泌量出现差异。孩子的动机越强，多巴胺就分泌得越多，就会优先选择执行此事。

当孩子第一次接触游戏、网购、运动、刷小视频……大脑就会自动地记住这种体验，并为其打分评级。一般，成瘾性的毒品、游戏、香烟，都属于能分泌高浓度多巴胺的外界刺激，会危害孩子的正常选择机制，父母一定要让孩子远离这类事物。

同样是运动，轻运动、有氧运动能分泌出的多巴胺，会少于冒险运动、高强度运动，因此，孩子可能会偏爱户外探险运动和各种极限运动。

如果孩子的意志力不强，就让孩子在运动时尽量屏蔽其他诱惑。比如，散步时不带手机，跑步时避开零售街，不在朋友圈分享运动动态，让孩子专心地投入到当下的运动中去。这样，孩子的意志力变强了，就能抵抗住多巴胺分泌给更多的事情，更好地控制身体与大脑。

养成运动习惯，不意味着让孩子重复单项运动

如果孩子始终在用一个时间段做强度相同的一项运动，他体内分泌的多巴胺就会越来越少。

研究发现，当神经元第一次接受某项运动的刺激时，会产生一个动作电位（可兴奋细胞受到刺激时，产生的可扩布的电位变化过程）。神经元的动作电位存在一定的阈值，影响着多巴胺的分泌阈值。

随着神经元不断接受相同运动的刺激，动作电位的阈值就会不断提高，导致变化越来越弱，这就是生物学所说的"习惯化"。渐渐地，孩子的机体熟悉这种运动刺激后，就会减少多巴胺的释放量，丧失做这项运动的欲望。

当然，这也不是说，孩子就不能养成做单项运动的习惯。想要打破"习惯化"的瓶颈期，可以适当增加孩子的运动强度、频率，促进刺激升级。

比如，孩子刚开始运动时，每天步行10分钟。随着时间的推移，孩子的体质越来越好，可以增加步行时长、速度，甚至改变步行的路线，让神经元接受新的刺激，释放足够的多巴胺，养成坚持运动的习惯。

如何通过多巴胺控制法培养孩子的运动习惯

在菅原道仁看来，"多巴胺控制法"共分为3个步骤：

自我暗示

鼓励孩子在运动前进行自我暗示，比如对自己说"我要长得更高""我要成为全班耐力最好的"……这些预期的小目标，能刺激孩子努力运动，磨炼自己的意志。

在运动时，孩子可以将自己的成功表现、所见所闻等感官无限拓展，畅想实现预期目标的场景，鼓励自己坚持运动训练。

将大目标分解成阶段性小目标

让孩子选择自己要养成什么运动习惯，做一个时间规划表，量力而行，每天完成一个小目标，增强信心。

促进多巴胺分泌

国外一些专家研究后指出，多巴胺的作用不仅仅是给予"愉悦感"，也与"干劲"密切相关。只要在开始运动前，采取一些方法向大脑传递"可能发生大事件"的信号，大脑便会立刻分泌多巴胺以激发干劲。

如举办亲子运动习惯养成竞赛、家庭小运动会，设定一个简单可行的评价标准，谁率先达到，谁就能获得独一无二的奖励。

第八章 教孩子有效预防运动伤害

越不运动的孩子越容易受伤

孩子不常运动,一运动身上就挂彩,跑个步,脚踝扭了;跳个绳,手腕酸痛;踢个球,摔一跤就擦破了皮……为什么越不运动的孩子,反而越容易受伤呢?

体育大学运动人体专业的一位体育老师解释说,现在的孩子缺少锻炼,就很难在运动中学会如何保护自己。这样的孩子长大了,也无法确定运动时自己的安全界限,所以运动受伤的概率很高。

不运动的孩子体质差,容易受伤

锻炼较少的孩子,往往体质较差,抵抗力和免疫力比较羸弱。越不运动的孩子,肠胃功能越弱。他们肠道蠕动的速度会越来越慢,使消化腺分泌消化液减少,出现食欲不振、肠胃胀气等症状,日渐瘦弱。

面对节奏快、强度大的运动,瘦弱的孩子,肌肉反应速度慢、耐受力差,很难完成好一项运动。如果坚持做运动,由于他本身动作协调性差,就容易中途受伤,还容易形成累积性疲劳。

而且，体质差的孩子自身免疫力不足，一旦在运动中接触到细菌，就很容易感染、生病。

不运动的孩子运动经验少，容易受伤

运动次数少的孩子，对运动方法、动作技巧、临场应变等相关知识的掌握不够。惯性的动作，可能恰恰是错误的运动方式，会加重身体的负荷。当负荷超过了孩子身体的承受限度，就会出现各种运动损伤。

另外，孩子胆大，什么运动都要试一试，却不知道如何预防、处理一项运动中可能出现的损伤。缺少自我保护意识和能力的孩子，在运动中遇到紧急情况，没有正确的操作，就很容易受伤。

经常不运动的孩子，在选择服装、场地和器材等方面也缺少经验。如果鞋子不合脚，就容易磨脚、扭伤；如果服装太紧身，就会影响运动的幅度。运动场地的安全设备不够齐全、器材过于老化，也很容易导致孩子受伤。

德国儿童运动能力研究专家洛斯曾说："儿童在童年时缺少的运动技能，即使在他们长大后也不一定能弥补，且他们会有更高的受伤风险，尤其是在头部。这种情形在以后的生活中几乎一直存在。"

不运动的孩子心理素质差，容易受伤

运动较少的孩子，在关注度较高的体育课、运动比赛中，常常会有紧张、恐惧的心理，难以按照安全要求做出正确的动作。在对反应能力、耐力、爆发力等要求高的运动中很容易受伤。

而且，性格内向的孩子可能会在受伤后不好意思告诉父母，隐而不发，耽误治疗，让小伤变成大伤。

运动才是对保护身体的一种好方法。运动能促进骨骼的生长，增大骨密度，减少受伤概率。同时，运动能锻炼肌肉，帮孩子避免运动过程中出现更严重的伤害。

容易忽略的运动安全问题

草地也可能存在安全隐患

相比坚硬粗糙的水泥地、沥青地，父母与孩子可能会倾向于选择看起来软软的草地。但其实，看起来很软的草地也无法减轻对碰撞部位的伤害。而且，草地表面平整，实则坑坑洼洼，孩子反而更容易摔倒。

因此，父母要尽量避免让孩子在草地上运动，表面干净并铺有减震材料的橡胶操场，是更好的选择。

运动时可能会被烫伤

炎热的夏天，被太阳直射的金属质地的运动器械，如不锈钢材质的滑滑梯、金属材质的高低杠等，表面温度极高，孩子皮肤娇嫩，一摸到就容易被烫伤。因此，孩子运动时，要尽量选择放置在阴凉处的运动器械。

教孩子学会在运动中保护自己

在日常运动当中，孩子一定要注意自我保护，避免因运动不当而受伤，最好是掌握一些必要的运动安全知识，或者请教一下专业的教练。

如果孩子练习需要器械的运动，就应当先检查器械是否存在问题。另外，孩子还需穿着合适的运动服装，如瑜伽服、运动鞋。必要时，孩子还需正确穿戴护腕、护膝、护踝等各种护具，预防受伤。

运动中的一些自保动作：

（1）在可能发生身体碰撞前，孩子需要绷紧全身肌肉，做缓冲准备。千万不要提前收力、放松，否则也很容易受伤。

（2）自高处落地，孩子要并拢双腿，用前脚掌着地，能起到一定的缓冲作用。

（3）遇到障碍物时，孩子应当及时躲闪，可以换支撑脚，向相反方向移动至安全地带。一些运动中，顺势跳起、向前扑倒也是躲避伤害的常用姿势。

（4）在失去重心摔倒时，孩子要在触地的瞬间顺势翻滚身体，尽量用肩部侧面先接触地面，化解冲击力，切勿用直臂撑地，避免骨折。

翻滚过程中，以肩部肌肉为着力点，肌肉保持紧绷状态，但不要试图抵抗冲力。

（5）在危急时刻，如果避无可避，孩子应当护好身体的最关键部位，如头部、胸部、眼睛或是其他部位，以防损伤相应部位的肌肉群。

运动过度危害孩子健康

有数据显示，每年约有 350 万 14 岁以下的孩子因运动损伤被送医院治疗。近年来，因运动过量、"成人化运动"而导致损伤的孩子显著增多。

运动本是强身健脑的好事，但父母千万别盲目过度追逐孩子的运动量，这极有可能会适得其反。

训练过量，易造成永久损伤

杰雷特·阿代尔是美国亚特兰大市的一名少年棒球高手。他曾经在一个夏天里打了 64 场棒球比赛。后来，他因运动过量导致胳膊受伤，不得不从健康的那只胳膊肘上取一根筋植入受伤的那只胳膊肘。

杰雷特·阿代尔坦言："我的胳膊疼了好几年，但我从没去看过医生。如果你要在十四五岁的时候成为一名好的棒球投手，你就得投无数次。"

费城儿童医院的医生安吉拉·史密斯说，运动员的父母们为了让孩子能获得大学奖学金，或是走上职业运动员的道路，会让孩子进行过量的训练，甚至接受大大超过他们正在发育的身体所能承受限度的训练项目。

美国《纽约时报》采访了20余位从事儿童运动医学研究的医生，他们称，大部分少年运动员的身体受到严重损伤，完全是由于运动训练量过大所致。而且这种过量运动是常年不间断的。

身体正在发育中的孩子，在不同阶段都有自己的运动承受量，一旦过量，就容易造成损伤。这些损伤如果得不到及时治疗，就会变成慢行损伤，延续到成年。

运动过量会对身体造成哪些危害

外伤

运动过量很容易导致孩子出现包括骨折、生长板紊乱、膝盖骨碎裂、脚跟腱磨损以及过度弯曲带来的脊椎骨重叠等损伤。

感觉更加疲惫

如果孩子在学习后进行锻炼，并未能缓解疲劳的状态，反而感到更加疲劳。这就意味着孩子已经处于运动过度的状态，身体发出了休息的信号，此时要重新评估、设计新的运动计划。

尤其是孩子在休息一段时间后，仍然无法缓解运动带来的劳累，就一定要适当地减少运动量。

睡眠减少，甚至失眠

孩子在运动后，睡眠状态出现各种问题，这可能是因为身体对过量运动产生了排斥的反应。白天上课时昏昏欲睡，精神颓靡；夜间没有困意，入睡困难，都可能是孩子运动过量的结果。

免疫力下降，内分泌失常

内分泌失调是运动过度的另一个副作用。健康适量的运动能增强孩子的免疫力，而过量运动则会破坏免疫力系统，让孩子患上隐疾。

如果孩子近期经常疲乏、生病，青春期女孩出现经期不规律，青春期男孩爆痘，可以比对他们最近的运动轨迹，看看是否是过度运动的原因。

情绪异常

运动能帮孩子更好地释放负面情绪，充满正能量。然而，过度运动则会起反作用，让孩子变得心烦意乱，喜怒无常，焦虑难安。

肌肉不适、关节酸痛

运动量太大，孩子体内的肌肉会堆积大量的乳酸，肌肉会出现酸痛感。这种酸痛感超过两天，就说明运动的量和强度远远超过了孩子身体的承受范围，需要及时调整。

另外，过度运动会增大膝关节的摩擦，容易让孩子感到疼痛。孩子的膝盖出现疼痛感，并且持续了较长的时间，说明现有的运动量太大了，需要休息一段时间。

食欲不振

运动量过度时，身体的血液会更多地流向肌肉等地，而流向消化系统的血液就会相应地减少,孩子的食欲因此受到影响,出现食欲不振、反胃恶心等感觉。

孩子的体能非常有限,过量的运动会造成生理、心理上的多重伤害,父母应多加防范。

孩子每天需要多大的运动量?

学龄前儿童(3~5岁)的每日运动量推荐

建议学龄前儿童每天进行轻度、中度、高强度的运动量加起来,要有3小时,最好多去户外运动。孩子正处于精力充沛的成长阶段,对正常发育的孩子来说,3小时的运动量并不算多。但由于疫情,很多孩子不得不居家学习,户外运动减少甚至被取消。如果户外运动不能保证,父母可以带孩子在室内多做一些跳跃、翻滚的游戏,或者广播操、瑜伽、拉伸运动等。

学龄儿童(6~17岁)的每日运动量推荐

建议学龄儿童每天至少进行1小时的中高强度运动,比如跳绳、跳舞、跑步、篮球、排球等。父母可根据孩子的身体状态合理调整每日运动量,尽可能达到推荐量。

预防运动伤害的关键:热身

运动前的热身环节,往往是父母与孩子容易忽略的一个重要问题。许多孩子一到运动场地,就换上装备开始运动。看似没有问题,背后却埋下了诸多受伤的隐患。

热身是预防运动危险发生的一道"安全栓"

在正式运动之前,孩子的身体处于紧绷的状态。肌肉的血流量状态不好,局部关节和韧带、神经等都没有做好准备。此时直接进行运动，很容易出现肌肉拉伤、关节扭伤等情况。

热身的主要目的是，帮助孩子增加身体的核心温度和肌肉温度，疏通筋骨。随着肌肉温度的增加，肌肉中的充血量也开始增加，能促进肌肉收缩和放松。这样一来，孩子关节的运动韧性和灵活性有所提高，能更好地应对运动过程中的动作变化，避免动作不协调、运动表现差、运动反应欠佳、关节黏滞性高等问题，降低运动中抽筋、扭伤等损伤的风险。

除了能避免运动损伤，热身还能使孩子更快地进入运动状态，表现更好。这是因为，热身后，孩子的心率次数和呼吸的深度与频率增加，血液流量也增加，身体各个部位被激活，进入了一个精力饱满的运动状态。

常见的热身运动形式

热身时，孩子可以针对身体的各个部位，如肩颈、手腕、大腿、膝关节等，进行拉伸，身体微微升温、出汗时即可停止。对孩子来说，5~10分钟的热身时间就足够了，但如果是持续时间长、大剂量的激烈运动或比赛，孩子至少需要热身10分钟左右。

做完热身运动后，孩子可以休息几分钟，再投入正式的运动中去。常用的热身运动形式如下：

头部运动

让孩子双手叉腰，双腿开立，脖子依照向前、向后、向左、向右的顺序，各下压2次，再以顺时针、逆时针的方向绕圈2次。

手臂绕圈

让孩子站直，双臂自前向后划出大圆圈，划满10圈后，反向划10圈。重复2~3组。这个动作可以活动整个肩关节，唤醒肩、臂肌肉。

肩膀旋转拉伸

让孩子用双手握住一条长毛巾的两端，慢慢从身前绕至背后，再绕回身前，重复5次为1组，进行2~3组。这个动作可以活动到孩子的整个肩关节。

腰部运动

让孩子双手叉腰，双脚开立，扭动腰部，做画圈状运动，向左、向右各4圈。

压腿运动

让孩子笔直站立，双手手指交叉扣紧，弯腰下压，尽量用双手的掌心贴近脚背。可以多次尝试，不断加大下腰的力度。重复做10次即可。

侧压腿运动

以右侧压腿为例，让孩子原地蹲下，向右侧伸直腿，踮起左脚尖。孩子的右手放在右腿的膝盖上，左手按在左腿的膝盖上，有节奏地向下压右腿。

踢腿运动

让孩子站稳，伸直一只手臂朝着任意一个方向，可在前方、侧方，与肩同高。让孩子向手臂伸出的方向迈一小步，踢腿至手臂高度，可随意换腿踢。单边腿重复10次。

踢腿动作可以增强髋伸肌群的活性，避免肌群太紧绷导致肌肉拉伤的问题。

原地踏步

让孩子原地进行踏步，要求抬腿时与地面平行，可逐渐加快摆臂踏步的速度，原地踏步满1分钟即可。

靠墙抬臂

如果孩子在室内运动热身，可以将后背靠在墙上，用头、肩、臀部贴紧墙面，双手举起做投降的姿势，保持手臂贴紧墙面的状态，然后慢慢地上下移动。重复10次为1组，完成2组。

这个动作不仅能增加肩关节的灵活性，还能改善孩子驼背的仪态问题。

运动项目不同，热身方式也不同

跑步前的热身运动

孩子跑步，最容易受到伤害的部位是膝盖、脚踝、足部。因此，孩子需要充分活动好膝关节和踝关节。建议热身以活动下肢为主，如膝关节绕环、髋关节扭转、脚腕绕环等。

弓步压腿：孩子双腿前后开立，右脚在前，脚掌着地，右大腿与地面保持平行，左脚自然下压，抬头挺胸，身体上下起伏。单侧进行15次，然后换腿练习。

腿部拉伸：让孩子向前弯腰，双手略宽于肩，撑在地面上，双腿保持并拢。用悬空的上半身尽量拉伸，肩胛下压，同时抬起一侧的脚后跟，前脚掌点地，再换另一只脚，交替进行20次。

脚腕绕环：孩子双手自然交叉放在胸前，用右脚脚尖点地，脚腕自然放松，依顺时针、逆时针方向绕环，动作幅度可以稍微大一些。单边绕环10次后，换另一只脚，交替进行3组。

跳绳前的热身运动

跳绳时，孩子的身体活动部位与跑步相似，可以套用跑步的热身运动，再增加一些跳跃性动作。另外，跳绳还需调动手腕摇绳，因此要增加手腕的热身动作。

展腹跳：孩子双脚开立，两膝微屈，用力向上跳起，手臂与双腿尽量向外打开，呈现出"X"的形态，连续做5次，休息后再做5次。

手腕绕环：让孩子双手十指相扣，以两只手的手腕为轴一起绕环，正反向各转动10次。

打篮球前的热身运动

打篮球需要调动孩子更多的身体部位，热身运动至少要涵盖手指、手腕、腰关节、膝盖、脚踝等部位。

手腕绕环、腰部转体、蹲起、侧压等动作，都能起到提高韧带、肌肉活性的作用。

体转运动：让孩子双腿分立，双臂弯曲与肩同高，双手握拳，身体向左后侧或右后侧转动2次，再换相反方向转动2次，为1组，练习4~6组。

侧压运动：让孩子双脚横跨一大步，向右侧弯腰而下，用右手撑在右腿踝关节上，左臂弯曲悬空在头顶。孩子稍加用力，继续向右侧弯腰。这个动作可练习腰部肌肉。

"三小球"的热身运动

"三小球"是指乒乓球、羽毛球和网球，这三项运动的热身运动应主要针对上肢的手腕、肱二头肌、肩、肘、腰等部位。

肩关节绕环、拉伸，腕关节的扭转和各种拉伸运动，能使孩子身上的这些重点部位充分活动开。除此之外，孩子还可以模拟各种发球、接球的动作，让身体进入状态。

"三大球"的热身运动

"三大球"是指篮球、足球和排球，这三项运动的对抗性强，孩子需要做好足够的热身运动，将运动中可能用到的动作、姿势都演练一遍，可以极大程度地减少运动损伤。

孩子在踢足球前应做好压腿练习，使腿部的柔韧性提高。孩子还可以练习加速跑、甩头跳起、扭动脖子等动作。

打篮球前，孩子则应重点练习原地起跳这个动作，让身体提前进入弹跳状态。另外，孩子还可练习短距离冲刺，激发出身体的爆发力。

打排球前的热身运动与打篮球类似，孩子更要重视手腕的活动、拉伸，以防接球、扣球时扭伤。

游泳前的热身运动

游泳时，孩子的小腿最容易抽筋，应当重点抻拉小腿肌肉和韧带。孩子划水行进时，肩部活动幅度较大，因此也需要提前对肩关节进行热身。

建议孩子先通过慢跑、原地高抬腿练习，提高心率，再重点做好肌肉拉伸。

拉伸大腿后部肌肉：让孩子坐在地上，伸直右腿，弯曲左腿，大腿外侧贴紧地面，保持背部挺直，然后从胯部开始前倾，用双手抓住右脚脚尖，保持这个姿势，静数30秒后慢慢放松。每条腿拉伸3~5次。

拉伸小腿肌肉：孩子俯身向下，用双臂和一条腿支撑身体，另一条腿弯曲放松。身体重心集中于支撑脚的脚尖处，脚跟向后、向下用力，让孩子能产生小腿后部肌肉被拉紧的感觉。坚持10秒后放松，换另一条腿重复做3次。

值得一提的是，孩子还需根据季节变化来调整热身运动的时间长度。夏季时，可以适当缩短热身时间，避免体力消耗过大，身体脱水。冬季时，则需适当延长热身时间，使孩子身体充分活动开。

教孩子避免常见运动项目中的伤害

无论是对抗性的运动，如柔道、跆拳道、橄榄球等，还是非对抗性运动，如游泳、跑步、体操等，都可能潜藏着让孩子受伤的危险。尤其是运动前没有做好防护措施，可能会给孩子带来极为严重的损伤。

因此，父母在鼓励孩子多运动的同时，还要让孩子认识到运动伤害这一概念，并教会他们如何减少运动中的伤害。

打篮球中常见的损伤及预防措施

孩子的骨骼还未完全硬化，许多身体部位可能在打篮球时受到强大的冲力而受伤。伤处大多分布于腰、膝、踝这三个部位，主要是孩子因跳起抢球失误、落地不当、场地湿滑等原因跌倒所致。关节囊韧带、胫骨关节上的半月板最容易受伤。

膝关节水肿

一般认为软组织挫伤会引起局部肿胀、疼痛、瘀伤。孩子在打篮球后膝关节水肿，应是伤及膝关节内肌肉、毛细血管所致。

预防方法：让孩子提前做一些能刺激膝关节的热身运动，如全屈膝运动、兔跳等，但不必过量，以免对膝关节及周围部位造成负担。另外，父母可以为孩子准备一套护膝，缓冲膝盖受力。

脚踝扭伤、脚踵疼痛

这两种损伤，通常是孩子在打篮球时骤停骤动之间，脚步接触地面时多次受到剧烈冲击而受到的损伤。脚踝和脚踵的软组织损伤，一般采取保守治疗。如果是脚踝错位，孩子就需要尽早接受手术。

预防方法：父母可以用绷带缠绕住孩子的脚踝，让孩子做脚踝拉伸、绕环等动作。在孩子的运动鞋中垫上柔软的海绵垫，或是在脚跟内侧垫上一层棉花，防止皮下组织被压迫。

球鞋摩擦产生的脚伤

打篮球时的奔跑量大，孩子双脚摩擦，易生出水疱、破皮。

预防方法：让孩子穿着干净舒适的球袜，挑选出适脚的防震球鞋。如果父母担心磨损，可在脚后跟、脚底贴上防磨贴。

手指挫伤

这是手指受到球的猛烈冲击而造成的伤害。手指的挫伤，主要包括扭伤、脱臼、骨折、腱断裂、皮肤开裂。

预防方法：在孩子打篮球前，剪掉过长的指甲。让孩子充分做好手指热身运动，练习正确的接球、握球、传球等手势。必要时可佩戴护腕。

肌肉离位

造成这种损伤的原因是，在激烈的屈、伸动作间，孩子肌肉中的肌纤维或是肌膜的一部分受到外力而断裂，引发内出血。

预防方法：在练球前，孩子需揉一揉各部位的肌肉，进入放松张弛有力的状态。平时，孩子可以适当做一些增强肌力及稳定度的运动，平衡下肢的动态控制，如深蹲、跳远等。

环境隐患

孩子打篮球，要注意球场周围的环境是否安全。在室内打球时，孩子要观察球场的柱子是否坚固，再将杂物放到远处。在室外球场上，孩子要避开地面不平整的地方，清理干净球场上的小碎石。

骑自行车时常见的损伤及预防措施

胸、背、臂、腰、腿部肌肉劳损,是孩子在骑自行车中常常会遇到的问题。车座高度不适、过度骑行、追求快速骑行、膝盖姿势不对等,都会导致孩子身体不适。

肩颈疼痛

孩子骑完自行车后,脖子、肩膀痛,可能是因为车子上管比较长,车把手较低,上肢肌肉需要长时间负荷上半身的重量。加之骑车时间长了,孩子一直保持着往前看的姿势,就容易导致局部肌肉变得僵硬。

预防方法:将车把手高度调高,减少车把手与车座之间的高度差,车把略高于座鞍为宜。骑行时,孩子的身体前倾30°左右,让身体重心控制在腰部和下肢。

此外,父母要教会孩子多观察路面情况、周围的障碍物、行人等。时不时地转换一下视角,能避免孩子肩颈肌肉逐渐变得僵硬。

腰椎疼痛

如果孩子骑行时上身太过紧绷,将重心全部压在腰部,就容易导致腰部疲劳。

预防方法:孩子可以适时地调整身体重心,或前移,或下压,用双臂和双腿一起负担身体的重量,以此减轻腰部的压力。

大腿内侧、臀部疼痛

坚硬的自行车车座、颠簸的路面,会压迫孩子大腿内侧的肌肉和臀部,阻碍局部的血液循环。如果骑行时间太长,男孩的前列腺会十分难受,女孩的阴部也会产生麻木感,甚至会有排尿困难。

预防方法:父母可以为孩子挑选车座较软的自行车,必要时还可以换上加厚的坐垫。孩子骑行的时间最好别超过 1 小时，起初可以只骑行 10 分钟、半小时。

膝盖磨损

车座位置太高、太低，或是长期不正确的骑行姿势，都会影响孩子的骑行效率。踩踏时，孩子双腿难以充分发力，不仅会导致肌肉疲劳，还会加大对膝盖软骨的磨损，造成膝盖损伤。这类损伤主要是膝盖上部疼和膝盖后部疼。

预防方法：根据孩子的身高，调整好车把、座鞍与脚蹬三者的高度。以孩子坐在车座上，伸直一条腿时，脚心正好踏在下方的脚蹬为宜。骑行时，孩子的膝盖不能过于弯曲，也不必太直，保持 25～35 度的弯曲最合适。

正确的骑行姿势，应是膝盖尽量保持垂直的上下运动，避免膝盖内扣、外翻、前后晃动，这是预防膝盖损伤的关键。

其他损伤

时快时慢、用力不均地骑行对孩子的身体也有危害。建议刚开始学骑自行车的孩子先找到适合自己的频率，不要瞬间猛蹬，也不要用力快蹬，尽量减少爬坡骑行。

骑行时，孩子也需佩戴好头盔、护膝等，起到减震保护的作用。

夏天时，孩子可以佩戴太阳镜，防止风沙迷眼、小虫乱入眼中，还能避免阳光直射使视线模糊。

跳舞时常见的损伤及预防措施

骨化不完全的孩子，在练舞中，常有脊髓损伤、骨盆前倾、腰椎滑脱、颈椎前倾等不同程度的受伤。那么，孩子如何保护自己，免受伤害呢？

准备专业的舞蹈装备

尺码不合适、太旧的鞋子,都可能会让孩子跳舞时脚受伤。父母需要准备一双尺码合适、软硬度适中的舞鞋。

父母还需要为孩子梳好标准的发髻,不要佩戴尖锐的饰品,如发卡、项链等。

跳舞前后都需热身、伸展

跳舞前,孩子一定要做好热身运动,让身体的各个部位和关节都活动开。

跳舞后,孩子也需要做一些舒缓的拉伸动作,让紧张的肌肉放松下来。

跳舞要循序渐进

初学者每天的跳舞时长,要控制在半小时之内。练习中,适时休息,以免伤到足弓、腿部肌肉。6岁以内的孩子,不宜练习那些有压腿、危险动作的舞蹈。

孩子做高难度动作时,教练、父母应当在一旁做好保护措施。如孩子下腰时,有人用手臂在孩子腰后托着。

及时补充能量

孩子在剧烈的舞蹈运动后,很容易脱水。此时,父母可以给孩子吃一些富含维生素的食物,饮用少量的水。

但跳舞前,孩子不能暴饮暴食。饭后半小时,孩子也不适合跳舞,否则会影响肠胃的消化功能,引发胃病。

跳舞后做好保暖工作

孩子跳舞时穿着较少,跳完舞后,浑身冒汗。如果不添加衣物,肩部、背部、腰部、腹部等受风,容易着凉生病。建议父母在孩子们跳完舞蹈后，添加少量的衣物进行保暖。

轮滑、溜冰、滑板运动中常见的损伤及预防措施

这些运动强度大、速度快，危险性较高，孩子一不注意，就可能面临肌肉拉伤、韧带损伤、骨折、关节挫伤、脑震荡等风险。

预防措施：让孩子在运动前穿上合适的服装和防护装备。父母还要告诉孩子要严格遵守安全规则，不轻易脱卸装备。如果在运动中，孩子感到身体疼痛，需要立即停止运动，以免加剧损伤程度。

危险系数高的运动，如何正确预防损伤

孩子的肌肉、骨骼发育不完全，神经系统发育也不成熟，运动综合素质水平较低，如果他们参与危险系数较高的"不适龄"运动，受伤的风险会大大增加。

如何预防攀岩运动中的损伤

攀岩是一项竞技性强的空中运动，孩子要在不同高度、角度的岩壁上，完成攀爬、引体向上、转身等惊险动作。这项运动对任何年龄段的孩子来说，都存在着不同程度的安全隐患。

例如，攀岩前不做热身运动，护具、安全带穿戴不规范，保护绳索不标准，地面保护措施不到位……任何一个环节出错，孩子的身体都可能受到严重的损伤。

但如果孩子确实对攀岩很感兴趣，父母可以做好防护工作，毕竟攀爬能力是大运动发展的重点之一。

根据孩子的年龄、运动能力决定攀岩的难度

建议4岁以上的孩子逐渐开始练习攀岩。如果孩子肌肉控制能力差，可先做肌肉平衡训练，增大肌力，避免手滑、脚滑产生碰撞、擦伤。

年龄小的孩子，攀岩的时间、高度可随意调整，在孩子的舒适区内为宜。刚开始练习，攀爬时间控制在 5 ~ 10 分钟，在调整攀爬路线之间，可适当休息。

选择安全的攀岩场馆

父母应核实攀岩场馆的经营资格、教练水平、保护设备质量、急救措施等，为孩子挑选一个有安全保障的攀岩场馆。

做好热身，避免拉伤

攀岩前，孩子要做 10 ~ 20 分钟的热身运动或柔软操，增加肌肉弹性，避免拉伤。

及时调整运动计划

孩子练习攀岩时，应避免反复尝试同一个动作、同一条线路，防止惯性损伤。

如果孩子在攀岩途中受伤，感到关节僵硬、局部疼痛、体能下降，就需要尽快调整训练计划，必要时可停下休息，趁早去医院检查，避免损伤加重。

如何预防游泳运动中的损伤

孩子学习游泳好处多，但 1 岁以内的孩子游泳，容易发生呛水、水中毒、低温症及各种危险。1 ~ 4 岁的孩子，可以多玩水，但不建议进行专业的游泳训练，因为身体发育状况不适合。建议孩子在 4 岁以后开始学习游泳。

游泳时，孩子容易受伤，其一是下水前、结束后的热身运动没做好，其二是因为泳姿不正确。

自由泳、仰泳容易使孩子肩部受伤

自由泳和仰泳，都会增加孩子的肩部负荷，游的时间久，肩部损伤可能较大。严重的话，还会造成肩轴撕裂。

预防方法：孩子自由泳转身时，要用腰部发力，使双肘不超过肩部外侧，并随着腰部而后拉。

仰泳也是用腰部发力，通过大幅度的转体，使肘部随腰部扭转而摆动，不使肘部转到肩部后面。

蛙泳容易使孩子膝盖疼

蛙泳时，孩子使用膝关节蹬水，膝关节的内侧将会受到较大的牵拉力，膝盖的磨损度增强。如果孩子的肌肉力量太差，又用力过猛，就会加重膝关节内侧的损伤。

预防方法：孩子蛙泳时，要以腿骨为中心进行发力，向身体后方直线蹬水，减轻膝盖骨所承受的重量。

蝶泳容易使孩子腰部受伤

孩子在蝶泳时，受伤的部位主要在腰部。腰部肌肉松软，动作不协调，游泳时间一长，对腰部就会造成一定的损伤。

预防方法：蝶泳时，孩子要掌握好呼吸节奏，换气时避免弯腰，划水结束时是进行呼吸的最好时机。

肌肉痉挛

就是俗称的"抽筋"。尤其是冬天游泳，孩子身体的各部位肌肉都有可能发生抽筋。其中，大腿、小腿、手指、颈部、胃部、腹部都可能发生肌肉痉挛的现象。如果孩子在游泳时抽筋，极易发生呛水和溺水事故。

预防方法：不要让孩子饿着肚子或是在饭后立即游泳，要保证体内热量足够。让孩子在游泳前做好热身运动，消除紧张心理，控制好下水游泳的时长。

父母还要教会孩子，如果在水里抽筋了，要采用仰泳的姿势，将口鼻露出水面，举起双手求救。

器官损伤

孩子的耳、鼻、喉、眼这些器官，在水下被污染后，容易出现各种病理症状，如鼻呼吸功能失调、听觉及平衡觉障碍、器官炎症等。

预防方法：孩子下水前，需要佩戴好护目镜等游泳设备。入水后，孩子不能在水中挖耳、擤鼻，防止不干净的水进入孩子的五官内，引起感染。

如何预防蹦床运动中的损伤

蹦床，是一项利用蹦床的反弹力在空中调动肢体展现一定杂技技巧的竞技运动。这项运动危险系数极高，稍不注意，孩子的身体就会受伤，轻则磕碰擦伤，重则骨折瘫痪。

医生认为，蹦床运动造成挥鞭伤的概率很大。挥鞭伤，是指由身体的后方或侧方受到撞击，由势能转化为动能，产生巨大的冲击力，在身体放松的状态下对骨或软组织造成损伤。

随着孩子对这项运动越来越熟悉，身体逐渐放松，就很容易发生挥鞭伤。严重时，会造成胸椎、腰椎等部位的骨折。

因此，孩子玩蹦床时，一定要做好保护措施，掌握正确的运动方法。

（1）穿戴蹦床袜和适量衣物。在蹦床上，孩子穿着蹦床袜，可以保护脚部的皮肤，还能防滑，减少摔倒。

孩子玩蹦床容易出汗，需要穿透气性强、柔软宽松的运动服。夏天时，孩子要避免穿宽松的背心玩蹦床，因为背心带容易缚住孩子的身体或是脖子，十分危险。

另外，在进入蹦床前，孩子要摘除身上的手镯、项链等配饰，避免尖锐物、硬物等造成伤害。

（2）关注蹦床设备的情况。禁止孩子损坏蹦床护栏、安全绳等设施，不可随意拆卸蹦床的零件，触摸电线线路。如果父母发现设备存在安全隐患，应及时带孩子离开，并通知工作人员进行处理。

（3）父母陪同。医生建议，6岁以下的孩子不要玩蹦床。年龄较小的孩子，父母一定要陪同，让孩子不要离开蹦床周围，以免踏空。也不要让孩子翻越护栏，以免摔伤。

（4）在进入蹦床前，孩子需要做好热身运动。

（5）严禁在蹦床上嬉戏打闹。几个孩子一起玩蹦床时，如果有孩子躺在蹦床上，就很容易发生踩踏事故。因此，需要避开许多孩子一起玩蹦床的时候。此外，还需禁止孩子在蹦床上嬉闹，防止摔伤。

（6）空腹、饭后半小时内，孩子都不适合蹦床运动。

如何预防冰雪运动中的损伤

溜冰、滑雪、冰壶等冰雪运动，容易造成肌肉痉挛、踝关节损伤、腕关节损伤、膝关节损伤、腰部损伤等问题。如何帮孩子预防滑雪的运动损伤呢？

选择专业的护具和运动场地

安全的运动场地和齐整的防护装备可以保护孩子身体的重要部位。针对不同冰雪运动的具体安全问题，让孩子穿戴好头盔、护膝、护肘、护腕等基础防护装备，配以滑雪镜、护脸面罩、防切割护颈、护腿板等装备。

每一项冰雪运动都有对应的雪场，孩子要学会遵守每个雪场设立的标志，禁止进入不开放的区域。

运动前充分热身

孩子滑雪前，要做适当的拉伸运动和热身运动，激活核心肌群，让身体暖起来，降低运动损伤的风险。如果孩子体温不够，可以适当地选择贴暖宝宝、加绒护膝等保暖装置，保持局部肌肉的温度，缓解肌肉的紧张。

掌握正确的技术动作和摔倒动作

让孩子掌握冰雪运动的动作要领，把动作做到位，不做没有把握的危险动作。许多冰雪运动都有相对安全的摔倒方法，可有效地减少损伤。

学会避让

如果孩子是冰雪运动的初学者，学会避让是基础技能学习的重中之重。孩子需要熟悉雪场的地形，尽可能多地了解路线，做好自我保护，减少不必要的碰撞和摔倒。

运动损伤的急救常识，你知道多少

即使是危险系数极低的简单运动，孩子也可能会受伤。当孩子受伤了，父母要及时正确地处理，以防伤势加重。

如何处理表皮擦伤、出血

摔跤、碰撞都可能造成皮肤擦伤、出血，有时也会伴有轻微瘀血、瘀斑。

处理方法：

伤口较小时，父母可用清水、双氧水、生理盐水等清洗孩子伤口处的尘土、砂石等脏物，再用碘酊涂抹。流血不止时，可先用衣物等按压创口进行止血，同时防止异物进入伤口，发生感染。止血效果仍不明显时，可在孩子伤处的上、下部位进行包扎止血。

止血后，再用创可贴、纱布或绷带覆于伤口处。需要注意的是，创可贴等物直接贴在伤口上，其纤维易与伤口粘连，引起疼痛和感染，需要慎用。

如果伤口较深，就要尽快去医院就诊，看看是否需要注射破伤风疫苗等。

如何处理牙齿磕伤

如果孩子的门牙整个被磕掉，先快速用酒精棉塞住孩子的牙龈，让孩子咬住牙龈处的酒精棉止血，再用清水将牙根、牙冠或完整的牙齿清洗干净，泡在牛奶里，在30分钟内赶到医院，医生可以将牙齿植活。

如果孩子的门牙被磕掉了一个小角，牙髓没有损伤，牙根也不松动，可去医院做修复。

总之，如果运动时损伤了牙齿，需要第一时间带孩子去牙科医院就诊。

如何处理扭伤和肌肉拉伤

孩子在运动中扭伤，可能表面没有伤口，但皮下组织或肌肉间会有不同程度的瘀血和血肿。父母要及时带孩子去医院做CT、核磁共振成像等检查，确定受伤程度。

2012年，英国运动医学杂志上的一篇文章提出了针对踝关节治疗的"警察（POLICE）"原则，分别是保护（P-protect）、适当负重（OL-optimal loading）、冰敷（I-ice）、加压包扎（C-compression）、抬高患肢（E-elevation）这五个步骤。

具体的处理方法：

（1）停止运动。孩子感到某个部位扭伤时，就要立即停下运动，平复心情，不要移动扭伤的部位。继续运动必然会加重扭伤程度，可能会造成不可逆的伤害。

（2）垫高扭伤部位。将孩子移动到一个安全的地方，借用桌子、背包、衣物、运动器械等物品，将孩子的扭伤部位垫高，使毛细血管逐渐收缩，减少受伤部位的体内出血量。

（3）及时冷敷。冷敷有收缩血管、控制出血的作用，还能预防受伤部位的肿胀，也能镇痛，为后续治疗赢得更多的时间。

冷敷时，可用毛巾、衣物等将冰块包起来，敷在扭伤部位上降温，至少冷敷半小时。若是有皮下瘀血，24小时后可用温热的毛巾热敷，化瘀散血。

（4）固定制动。孩子扭伤程度较轻时，可用绷带做简单固定。如果扭伤程度严重，就需要保持孩子局部的相对静止，去医院用石膏进行固定。整个过程中，叮嘱孩子不要用扭伤部位发力，以免影响恢复。

如何处理肌肉痉挛

孩子游泳、跑步时，常有肌肉痉挛性、紧张性疼痛。肌肉痉挛往往无法立刻纾解，但不能无所作为，否则可能导致肌肉损伤。

处理方法：

小腿肌肉痉挛

孩子原地坐下，伸直抽筋的腿，用手握住前脚掌，向外侧旋转该腿的踝关节，立竿见影。

旋转的要领是，将脚向外侧一扳，紧跟着向大腿方向内扣、旋转一周，脚掌上翘至最大限度。若是左腿抽筋，则逆时针旋转；若是右腿抽筋，则顺时针旋转。动作要连贯彻底，中间不可停顿。

游泳时抽筋

游泳时难以采用上述的止痛姿势，但仍可以采用手扳脚踇趾的方法。孩子尽量向前伸直大腿，用手将脚踇趾扳向身体的方向，同时脚跟向前蹬，用力扳一圈，可缓解痛感。

如何处理骨折

孩子身子骨脆，受伤严重时，容易关节错位、骨折。骨折的部位会呈现出不自然的变形，甚至有骨骼从皮肤中突出，局部迅速严重红肿，孩子可能会疼得无法动弹。

这种情况下，父母要制止孩子做出任何行动，可用附近诊所和校医处的临时夹板现行固定，再转入医院进行相关的手术。

具体处理方法：

（1）止血。若骨折部位有出血情况，父母要先用止血法进行处理，将纱布、干净衣物等压在出血处。包扎时，不宜太紧，否则容易导致伤肢的缺血坏死。

如有骨折部位外露，请父母不要将骨折端恢复原位，应继续保持外露，以免造成深部感染。

（2）用临时夹板固定。如果身边没有医用夹板，可用合适的木板、木棍，或坚硬的杂志、纸箱、雨伞等代替，防止骨折部位再次脱节。

夹板与骨折处之间需要用毛巾、软布等隔开，避免二次挤压伤害。夹板的长度要偏长一些，可固定骨折部位上下的两处关节，用布条、粗绳等绑好固定，不必太紧，以限制移动为宜。若夹板过短，则起不到固定、稳定的作用，容易导致再次错位。

（3）尽快送医。固定后，小心护送孩子就近就医。运输途中，不要随意牵拉、搬运孩子，以免给骨折部位增加负担。没有把握时，最好还是拨打急救电话120。

如何处理运动性昏厥

运动性昏厥是孩子在运动中、运动后出现的一种突发的短暂性意识丧失的现象，大致分为血管减压性晕厥、重力性休克性晕厥、体位性低血压性晕厥等。

处理方法：

人工呼吸

让孩子仰卧，头部后仰，托起下颌，捏住孩子的鼻孔，压住食道管，防止空气呛入胃中。急救人员深吸一口气，将一大口气吹入孩子口中。吹气后，松开捏住孩子鼻子的手。反复多次，吹气频率保持在每分钟16～18次，直到孩子自主恢复呼吸。

胸外心脏按压

让孩子仰卧，急救者跪在孩子身侧，双手上下重叠，将掌根置于孩子的胸骨中、下三分之一处，用体重和肩臂的力量，有节奏地向下施压。

将孩子的胸壁下压3～4厘米后，迅速松开，让胸壁自然弹回。反复多次，以每分钟60～80次的节奏进行按压，直到孩子恢复心脏跳动为止。

运动后记住"五不",预防伤害

父母在关注运动与健身方法的同时,也不能忽略运动后的一些小细节。让孩子在运动后做到"五不",有利于巩固运动效果,预防潜在的伤害。

不能立即休息

很多孩子没有自控能力,开心了就跑跑跳跳,累了就立马坐下休息。孩子运动结束后,家长们要监督孩子不要立马休息,以免伤害心肺功能。

剧烈运动时,孩子的心跳会加快,肌肉、毛细血管逐渐扩张,血液流动加快,肌肉有节律性地收缩、挤压小静脉,促使血液很快地流回心脏。

如果此时,孩子立即停止运动,坐下或躺下休息,肌肉的节律性收缩也会立即停止。原本流进肌肉的大量血液就难以通过肌肉收缩,流回至心脏,容易引发血压降低,出现脑部暂时性缺血,孩子就会心慌气短、头晕眼花、面色苍白,甚至休克昏倒。

建议孩子在剧烈运动后,先做一些拉伸运动或小幅度的运动,进行一段时间的缓冲后再休息,这样不仅可以排解运动产生的乳酸,还能保护骨骼和肌肉恢复到正常状态。

不可立即洗浴

孩子运动回来,出了一身汗,身上全是灰尘。父母就会让孩子赶紧洗个澡,清清爽爽的。但其实,这样做对孩子的身体是有害的。

运动后,孩子的身体为了保持体温的恒定,皮肤表面的血管会保持扩张，汗孔张大，排汗增多，以便更好地散热。

如果此时让孩子洗冷水浴，血管在突然的刺激下会立即收缩，血液循环阻力加大，同时机体抵抗力降低，孩子很容易生病。即使是让孩子洗热水浴，也是有危害的。热水浴会持续加速皮肤内的血液流量，血液过多地流进肌肉和皮肤中，那么心脏和大脑供血就会不足。在空气不流通的浴室中，孩子轻则头昏眼花，重则虚脱休克，甚至可能诱发其他慢性疾病。

因此，孩子运动完后，不要急着洗浴，等体温恢复正常后再洗才稳妥。

不可暴饮止渴

运动完，孩子会有口干舌燥之感，就开始暴饮凉开水和各种功能性饮料。喝完不久，孩子可能就会感到肠胃不适，甚至有腹泻、呼吸困难等症状。

孩子在运动时，肠胃蠕动减少，如果孩子运动完立即饮用大量的水，会加重肠胃负担，使大量液体积聚在肠胃内，稀释胃液。在弱化胃液杀菌作用的同时，也不利于孩子消化食物、摄取营养。

而且，喝水速度太快，孩子体内的血容量就会快速增加，会加重心脏的负担，引发体内电解质紊乱，出现胸闷腹胀、心力衰竭等问题。

孩子运动完，体温较高，一部分饮入的水很快就变成了汗液，携带体内的盐分排出。一旦体内水盐比例失调，孩子就容易疲乏无力、头晕眼花、恶心呕吐。

因此，孩子要有运动完控制饮水量的意识，尽量少饮多次，尤其不喝凉水、冰水。

不可大量吃糖

许多父母都会让孩子运动时带上一些巧克力和糖,在运动后及时补充能量,以免低血糖晕眩。但其实,运动后不宜吃高糖食物。

孩子在运动后吃些甜食会觉得很舒服,是因为运动后身体缺乏热量,才会产生吃甜食来补充热量的需求。但若是孩子吃太多甜食,不仅难以达到糖转化为能量的效果,还需要消耗大量的维生素 B_1。体内的多种酶无法分解碳水化合物,乳酸就会增多,影响体力恢复,孩子因此会十分倦怠、食欲不振。

在运动后给孩子补充热量,建议食用一些富含维生素和微量元素的水果和蔬菜,如香蕉、苹果、肝、蛋等。香蕉中不仅含糖量较高,能补充葡萄糖,预防低血糖,还富含钾、镁离子,可以改善运动后造成的离子紊乱情况。

不可立即吃饭

孩子运动后吃得香,饭量也大了,于是父母总让孩子先去玩会儿再回家吃饭。运动后立即吃饭的习惯并不好,会对孩子的身体造成很大的负担。

运动时,血液多集中在肢体肌肉和呼吸系统等处,而消化器官的血液量相对较少,因此肠胃的消化吸收能力较差。另外,消化腺的分泌功能也会在运动后暂时减弱。

如果孩子运动后立即进餐,大量食物储存在胃部,会损害胃里的酸性环境,引起消化不良,对食物营养的吸收能力也会有所降低。

运动后半小时,孩子的身体会逐渐恢复正常,此时再吃饭才无碍。